GWIAZDY PIŁKI NOŻNEJ

Koncepcja albumu: Mariusz Rogala

Teksty: Mateusz Okęcki, Joanna Włodarczyk, Bogusław Tryhubczak

Wybór zdjęć: Mariusz Rogala

Redakcja: Maria Kozyra

Skład: Leszek Liskiewicz

Korekta: Lucyna Lewandowska

Zdjęcia: © Andrii IURLOV, © Antonio, © BE&W, © Bolesław Jasinowicz, © fotolia, © Igor Zhorov, © kanate, © Leszek Liskiewicz, © Ljupco Smokovski, © Mariusz Rogala, © Olena Turovtseva, © PIXMAC, © shime, © sportgraphic, © sumnersgraphicsinc, © UltraPop, © Uwe Annas

© Copyright 2014 PWH ARTI, Artur Rogala, Mariusz Rogala Sp.j.

ISBN 978-83-7740-080-7

Warszawa 2015

PWH ARTI, Artur Rogala, Mariusz Rogala Sp.j.
ul. Sochaczewska 31, Macierzysz
05-850 Ożarów Mazowiecki
tel. 22 631-60-80, tel./fax 22 631-41-58
e-mail: wydawnictwoarti@wp.pl
www.artibiuro.pl

WSTĘP

Piłka nożna to jeden z najstarszych i najpopularniejszych sportów na świecie. Trudno nawet stwierdzić, kiedy i gdzie powstała idea gry, którą dziś nazywa się piłką nożną. A przecież na całym świecie gra w nią 160 mln ludzi, a prawie miliard jej kibicuje. Pierwszy historyczny mecz międzypaństwowy rozegrała Szkocja i Anglia w 1872 r. w Glasgow. Nikt wówczas nie strzelił gola. Z kolei pierwszy mecz piłkarski w Polsce odbył się we Lwowie 14 lipca 1894 r. Wtedy to drużyna Lwowa pokonała Kraków 1:0.

Każdy młody chłopak zetknął się z piłką nożną chociażby w szkole podstawowej. Aby na podwórku grać w piłkę, nie potrzeba specjalnych butów, bramek, trawy ani nawet prawdziwej futbolówki. A to właśnie takim zwykłym meczom przyglądają się poszukiwacze piłkarskich talentów. Gra ta fascynuje miliony kibiców na całym świecie. Ciągłe zmiany akcji, sytuacje podbramkowe czy w końcu gole potrafią niejednemu kibicowi podnieść tętno. Najwięcej fanów mają te drużyny, których poziom gry pozwala na przeżywanie niesamowitych emocji. Tam przeważnie grają największe gwiazdy futbolu. Dziś wszyscy chłopcy wiedzą, kim jest Błaszczykowski, Kaká, Messi czy Ronaldinho.

Piłka nożna to fragment kultury, ale też pewne rytuały. Wszystko jednak zgodnie z regułami gry. Na boisku spotykają się dwie drużyny, a każda z nich liczy 11 zawodników, z których jeden jest bramkarzem. Każdy zawodnik swój strój musi nosić w odpowiedni sposób – koszulka ma być wpuszczona w spodenki, a skarpety podciągnięte do kolan. Podczas dwóch części meczu, trwających po 45 min i przedzielonych 15-minutową przerwą, piłkarze starają się zdobyć upragniony cel – gola. Stosując odpowiednie taktyki i ustawienia wskazane przez trenera, drużyny chcą pokonać przeciwnika. Ten, który trafi do bramki, zostanie bohaterem.

Mecz piłkarski to jednak nie tylko walka o piłkę na murawie, ale także reakcje widzów, śpiewy, meksykańska fala i twarze pomalowane w narodowe barwy. Kolorowa oprawa meczów jeszcze bardziej podnosi wartość widowiska. W niniejszej książce Czytelnik znajdzie informacje o piłce nożnej w pigułce – najciekawsze i najważniejsze informacje o futbolu, zasady gry, a przede wszystkim sylwetki piłkarzy, którzy dziś swoją grą wzbudzają niezwykłe emocje. Całość wzbogacono licznymi fotografiami.

BOISKO

Boisko piłkarskie jest wydzielonym i wyrównanym terenem porośniętym trawą, zwaną murawą. Jego nazwa pochodzi od ludowych określeń środkowej części stodoły bojewica i bojowisko, na której w przeszłości dokonywano ręcznej młocki zboża.

W 4 narożnikach boiska są wytyczone pola rożne, wyznaczone łukami o promieniu 1 m. W każdym narożniku umieszczona jest chorągiewka o wysokości minimum 1,5 m.

Bramki mają wymiary: 7,32 m szerokości i 2,44 m wysokości. Składają się one z 2 słupków i poprzeczki.

Boisko do gry w piłkę nożną

Płyta boiska jest wyznaczona liniami bocznymi i końcowymi. Przez środek boiska przebiega linia równoległa do linii końcowych, dzieląca je na dwie połowy.

Grubość słupków i poprzeczki nie może przekraczać 12 cm. Tylna część bramki zamknięta jest szczelną siatką, uniemożliwiającą wypadnięcie piłki za boisko po strzeleniu gola.

> Najmniejsze wymiary spełniające wymogi przepisów gry w piłkę nożną to: 90 m długości i 45 m szerokości. Największe wymiary to: 120 m długości i 90 m szerokości.

Na liniach końcowych usytuowane są bramki. Otoczone są one prostokątnymi polami bramkowymi o wymiarach: 18,32 x 5,5 m. Pola bramkowe stanowią część pól karnych, mają one wymiary: 40,32 x 16,5 m. W polach karnych 11 m od bramek wyznaczone są miejsca egzekwowania rzutów karnych. Na środku boiska wyznaczony jest okrąg o promieniu 9,15 m. Pola karne są zakończone łukami również o promieniu 9,15 m, który biegnie od miejsca egzekwowania rzutów karnych.

Bramka wraz z polem bramkowym

PIŁKI

Piłka nożna ma kształt kuli. Wykonana jest ze skóry lub innego dopuszczonego przepisami materiału. Pierwsze piłki były wykonywane z naturalnej skóry, a kolejne ze skóry syntetycznej wzbogacanej poliuretanami oraz polichlorkami winylu. Na przestrzeni lat zmieniła się również metoda wykonywania piłek. Dawniej były szyte ręcznie z łat, a współcześnie są klejone z paneli.

Przez lata dążono do wyprodukowania piłki doskonałej, spełniającej trzy warunki. Pierwszy to kształt idealnej kuli. Drugi to odporność na nasiąkanie wodą podczas gry na mokrym boisku. Trzeci to dobra widoczność piłki przez zawodników i kibiców.

PIŁKA GOODYERA

Była to piłka, którą rozgrywano mecze przez prawie 100 lat. W 1855 r. angielski producent dętek i opon samochodowych wykorzystał swe doświadczenie i stworzył gumowy rozciągliwy balon do napompowania, który umieszczało się wewnątrz piłki. Powłoka piłki była wykonana z naturalnej skóry

> Piłką Goodyera rozgrywano mistrzostwa świata w latach: 1930 Urugwaj, 1934 Włochy, 1938 Francja, 1950 Brazylia, 1954 Szwajcaria, 1958 Szwecja, 1962 Chile i 1966 Anglia oraz mistrzostwa Europy w latach: 1960 Francja, 1964 Hiszpania i 1968 Włochy.

w kolorze brązowym. Zszyto ją z 6 płatów, każdy z nich składał się z 3 podłużnych odpowiednio wykrojonych pasów. Na jednym pasie znajdował się wentyl służący do pompowania piłki oraz szczelina pozwalająca łatwo i szybko wymienić wewnętrzny uszkodzony balon. Piłka była sznurowana skórzanym cienkim paskiem.

> Zgodnie z przepisami gry piłka ma mieć obwód od 69 do 70 cm i ważyć od 396 do 453 g. Powinna być napompowana pod ciśnieniem od 0,6 do 1,1 atm.

Piłka Goodyera

PIŁKA TELSTAR

Model piłki Telstar to popularna „biedronówka". Pojawiła się na światowych boiskach w latach 50. XX w. Jej powłoka składa się z 32 łat w kolorze białym i czarnym. Białych łat jest 20 i mają one kształty sześciokątów foremnych. Czarnych jest 12 i wycięte są w kształtach pięciokątów foremnych. Nazwa piłki po przetłumaczeniu brzmi „telewizyjna gwiazda". Piłka ta powstała z myślą o dogodnym oglądaniu transmisji telewizyjnych z meczów piłkarskich. W początkowym etapie rozwoju telewizja była czarno-biała. Zielony kolor murawy i dawna brązowa piłka na ekranie odbiornika zlewały się i przyjmowały kolor szary. Wprowadzenie na powłoce piłki przewagi koloru białego znacznie ułatwiło oglądanie rozgrywek.

> Piłką Telstar były rozgrywane mistrzostwa świata w latach: 1970 w Meksyku i 1974 w Republice Federalnej Niemiec oraz mistrzostwa Europy w latach: 1972 w Belgii i 1976 w Jugosławii.

Piłka Telstar

PIŁKA TANGO

Piłka Tango jest technologicznym udoskonaleniem piłki Telstar. Składa się również z 32 łat. Jest to pierwszy model piłki, w której powłokę z naturalnej skóry zastąpiono syntetyczną. Jej cechą charakterystyczną jest to, że zawsze jest w kolorze białym i zawsze zdobiona elementami zawierającymi 10 okręgów. Dotychczas powstało 12 kolejnych rodzajów piłki Tango, 11 z nich królowało na murawach do 2002 r. Po 10 latach przerwy powrócono do tego modelu piłki i mistrzostwa Europy w 2012 r. w Polsce i na Ukrainie były rozgrywane piłką Tango 12.

Piłkami Tango rozgrywano mistrzostwa świata w latach: 1978 w Argentynie, 1982 w Hiszpanii, 1986 w Meksyku, 1990 we Włoszech, 1994 w Stanach Zjednoczonych i 1998 we Francji oraz mistrzostwa Europy w latach: 1980 we Włoszech, 1984 we Francji, 1988 w Republice Federalnej Niemiec, 1992 w Szwecji, 1996 w Anglii i 2000 w Belgii/Holandii.

PIŁKA FEVERNOVA

Piłka Teamgeist

Jest to model piłki, który powstał specjalnie na mistrzostwa świata w 2002 r. rozgrywane w Korei Południowej i Japonii. Przy konstruowaniu jej powłoki użyto 11 warstw, których skład pozostaje tajemnicą

Piłka Tango 12

producenta. Zastosowanie najnowszych technologii pozwoliło uzyskać bardzo dobre parametry piłki, prawie nie odkształca się i zachowuje kulistość przy kopnięciach i odbiciach.

PIŁKA TEAMGEIST

Piłka ta została wyprodukowana specjalnie na mistrzostwa świata w Niemczech w 2006 r. Jej nazwa w tłumaczeniu oznacza „duch drużyny". Kształt łat jej powłoki odbiega od obowiązujących przez ponad 50 lat klasycznych pięcio- i sześciokątów. Składa się ona z 14 łat. Po raz pierwszy przy jej produkcji zastosowano termiczne klejenie łat zamiast zszywania.

Każda piłka Teamgeist, którą rozgrywano mecze na mistrzostwach świata w 2006 r. posiadała indywidualny nadruk z informacjami o dacie meczu, mieście, stadionie i rywalizujących drużynach.

Piłka Jabulani

PIŁKA JABULANI

Model tej piłki został zaprojektowany specjalnie na mistrzostwa świata w 2010 r. w Republice Południowej Afryki. Nazwa piłki pochodzi z języka zulu i oznacza „świętować". Po raz pierwszy powłoka piłki składa się tylko z 8 elementów. Tak małą liczbę elementów uzyskano dzięki łączeniu ze sobą wyprofilowanych wcześniej części. Jabulani jest uważana za piłkę o idealnym kształcie kuli, której wcześniej nie udało się uzyskać ze względu na dużą liczbę łączeń łat. Piłka jest w kolorze białym. Ozdobiona jest 3 figurami przypominającymi trójkąty, pomalowane są one na 11 kolorów. Barwy te symbolizują 11 zawodników w drużynie oraz 11 urzędowych języków używanych w Republice Południowej Afryki.

PIŁKA BRAZUCA

Model zaprojektowany na mistrzostwa świata w Brazylii w 2014 r. Piłka wykonana została z materiałów najwyższej jakości – 100% poliuretan. Bezszwowa powierzchnia zapewnia bardziej przewidywalną trajektorię lotu, lepszy kontakt i mniejszą absorpcję wody. Poddana rygorystycznym testom FIFA, dostała najwyższą ocenę za odczucia, trwałość i lot.

SĘDZIOWIE

Każdy mecz piłkarski prowadzony jest przez sędziego głównego, któremu pomagają dwaj sędziowie asystenci oraz sędzia techniczny.

Sędzia główny m.in. sprawdza, czy piłka i stroje zawodników są zgodne z wymogami, mierzy czas gry, przerywa, wstrzymuje lub kończy mecz, wznawia grę po przerwaniu, uznaje lub nie uznaje bramki, karze zawodników, którzy popełnili przewinienie, oraz współpracuje z sędziami asystentami.

Sędzia asystent m.in. wskazuje, kiedy piłka całym swoim obwodem opuściła boisko, kiedy zawodnik może zostać ukarany za przebywanie na pozycji spalonej, kiedy ma być dokonana wymiana zawodnika oraz kiedy wydarzył się jakiś incydent, którego sędzia główny nie widział lub który on – sędzia asystent – mógł lepiej zobaczyć.

Sędzia techniczny odpowiada m.in. za: przeprowadzenie zmian i sprawdzenie ubioru zawodników przed ich wejściem na boisko, kontakt z obsługą medyczną, sygnalizowanie dokonywanej wymiany zawodników za pomocą tablic informacyjnych czy opiekę nad piłkami zapasowymi. W przypadku kontuzji sędziego głównego zastępuje go sędzia techniczny, który zawsze pod dresem nosi odpowiedni strój sędziowski.

Do kompletnego wyposażenia sędziego należą: 2 gwizdki (jeden zapasowy), zegarek, stoper, notatnik z ołówkiem, moneta (ewentualnie inny przedmiot do losowania) oraz kartki: żółta i czerwona.

Sędzia główny

Sędzia liniowy

Sędzia techniczny

Dawniej, gdy transmitowano mecze tylko przez odbiorniki czarno-białe, rozpoznawanie kolorów kartek przez widzów przed telewizorami było bardzo trudne. Dlatego sędzia kartki, którymi karał zawodników, trzymał w dwóch różnych kieszeniach – żółtą w kieszeni koszulki, natomiast czerwoną w kieszeni spodenek. Tak pozostało do dziś.

Bramkarska parada

ZAWODNICY

W meczu biorą udział dwie drużyny. Każda składa się z nie więcej niż 11 zawodników, z których jeden jest bramkarzem. Wśród graczy pola gry wyróżnia się m.in.: obrońców, pomocników oraz napastników.

BRAMKARZ

Głównym zadaniem bramkarza jest uniemożliwienie zdobycia bramki zawodnikom drużyny przeciwnej. Jego pozycja w piłce nożnej jest wyjątkowa, bowiem to jedyny zawodnik mogący dotykać piłki ręką, ale tylko w obrębie swojego pola karnego. U bramkarza ważne są: refleks, zwinność i koordynacja ruchowa, a także szybkość i skoczność. Ubiór bramkarza różni się kolorem od strojów pozostałych zawodników i sędziów. Spodnie mają ochraniacze na biodra, a koszulka ma przeważnie długie rękawy z miękkimi ochraniaczami zabezpieczającymi ramiona i łokcie. Bramkarze używają rękawic z gumowymi przyczepianymi wstawkami. Mają one za zadanie chronić ręce bramkarza, a także poprawiać chwyt piłki.

OBROŃCA

Obrońca ma za zadanie zapobiegać atakom napastników przeciwnika na bramkę, a także odebrać im piłkę. Przez większą część meczu obrońcy kryją przeciwników i utrudniają im rozgrywanie akcji. W formacji obronnej wyróżnia się: obrońców bocznych, środkowego obrońcę i ostatniego stopera.

POMOCNIK

Pomocnik gra w środku pola między atakującymi napastnikami a broniącymi obrońcami. Zawodnik ten powinien pomagać w obronie bramki oraz konstruować akcje ofensywne i pomagać napastnikom skierować piłkę do bramki rywala. Zadaniem pomocnika defensywnego jest odebranie piłki przeciwnikowi i rozpoczęcie akcji ofensywnej.

NAPASTNIK

Napastnik gra najbliżej bramki przeciwników, dlatego to on najczęściej zdobywa bramki. Musi być więc przede wszystkim szybki i umieć zachować zimną krew, co przydatne jest w pojedynkach „sam na sam". Dziś napastnicy to najbardziej znani i najdrożsi zawodnicy.

Zawodnik z pola

NAJSŁYNNIEJSI WSPÓŁCZEŚNI PIŁKARZE

Sergio Agüero

Imiona: Sergio Leonel
Nazwisko: Agüero del Castillo
Data urodzenia: 2 czerwca 1988
Miejsce urodzenia: Quilmes (Argentyna)
Pozycja: napastnik
Przydomek: Kun
Wzrost: 172 cm
Waga: 74 kg
Obecny klub: Manchester City FC
Numer: 16

5 lipca 2003 r. stał się najmłodszym graczem, który debiutował w argentyńskiej Primera Division – miał 15 lat i 35 dni. Pobił tym samym rekord ustanowiony uprzednio przez Diego Maradonę w 1976 r. Suma jego transferu do Manchester City FC w 2011 r. wyniosła 43 mln euro. Przydomek Kun pochodzi od postaci z japońskiej kreskówki. Podobieństwo do bohatera bajki już w dzieciństwie zauważył dziadek Sergia. Teściem Agüery jest sam Diego Armando Maradona.

KARIERA KLUBOWA:
2003-2006
Club Atlético Independiente
53 mecze, 23 bramki
2006-2011
Atlético Madryt
175 meczów, 74 bramki
2011-
Manchester City FC
90 meczów, 54 bramki

KARIERA REPREZENTACYJNA:
2005-2007
Argentyna U-20
7 meczów, 6 bramek
2008
Argentyna U-23
5 meczów, 2 bramki
2005-
Argentyna
56 meczów, 22 bramki

SUKCESY:
Wicemistrz świata
z reprezentacją
Argentyny (2014)
Mistrz olimpijski
z Pekinu z reprezentacją
Argentyny (2008)
Zwycięzca Ligi Europy
z Atlético Madryt (2010)
Mistrz Anglii
z Manchesterem City FC
(2012, 2014)

Daniel Alves

Imię: Daniel
Nazwisko: Alves da Silva
Data urodzenia: 6 maja 1983
Miejsce urodzenia: Juazeiro (Brazylia)
Pozycja: obrońca
Przydomek: Tiburón
Wzrost: 173 cm
Waga: 64 kg
Obecny klub: FC Barcelona
Numer: 22

Kiedy Alves w 2008 r. trafił do FC Barcelony, kwota transferu wyniosła 29,5 mln euro plus ewentualne premie za wyniki (maksymalnie może osiągnąć 35,5 mln euro). Brazylijski piłkarz jest więc najdroższym obrońcą zakupionym przez klub z Primera División.
W Dumie Katalonii zadebiutował w meczu z Wisłą Kraków (Liga Mistrzów 2008/2009). Klubowi koledzy nadali mu przezwisko Tiburón – rekin. W październiku 2011 r. Daniel Alves został ambasadorem Światowego Piłkarskiego Programu Olimpiad Specjalnych.

KARIERA KLUBOWA:
2001-2002
EC Bahia
25 meczów, 2 bramki
2002-2008
Sevilla FC
175 meczów, 11 bramek
2008-
FC Barcelona
190 meczów, 14 bramek

KARIERA REPREZENTACYJNA:
2006-
Brazylia
79 meczów, 6 bramek

SUKCESY:
Zdobywca Pucharu Unii Europejskich Związków Piłkarskich z Sevillą FC (2005/2006, 2006/2007)
Zdobywca Superpucharu Unii Europejskich Związków Piłkarskich z Sevillą FC (2005/2006)
Zwycięzca Ligi Mistrzów z FC Barceloną (2008/2009, 2010/2011)
Zdobywca Superpucharu Unii Europejskich Związków Piłkarskich z FC Barceloną (2009, 2011)
Mistrz Ameryki Południowej z reprezentacją Brazylii (2007)

Gareth Bale

Imiona: Gareth Frank
Nazwisko: Bale
Data urodzenia: 16 lipca 1989
Miejsce urodzenia: Cardiff (Walia)
Pozycja: obrońca, napastnik
Wzrost: 183 cm
Waga: 74 kg
Obecny klub: Real Madryt
Numer: 11

Gareth Bale jest najmłodszym reprezentantem Walii w historii i najmłodszym zdobywcą gola. W momencie debiutu miał 16 lat i 315 dni. Na początku kariery był lewym obrońcą, ale dzięki szybkości i umiejętności dryblingu został przesunięty nieco do przodu, by grać na pozycji lewego skrzydłowego. Już w szkole nauczyciel WF zakazał mu gry jeden na jeden oraz używania lewej nogi, gdyż koledzy nie mieli z nim szans. W sezonie 2010/2011 Bale zasłynął w meczu z Inter Mediolanem w Lidze Mistrzów, strzelił wtedy klasycznego hat-tricka.

KARIERA KLUBOWA:
2005-2007
Southampton FC
40 meczów, 5 bramek
2007-2013
Tottenham Hotspur FC
146 meczów, 42 bramki
2013-
Real Madryt
32 mecze, 19 bramek

KARIERA REPREZENTACYJNA:
2006-2008
Walia U-21
13 meczów, 3 bramki
2006-
Walia
45 meczów, 12 bramek

SUKCESY:
Zwycięzca Ligi Mistrzów z Realem Madryt (2014)
Indywidualnie wybrany piłkarzem roku w Anglii (2010)

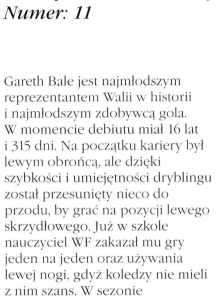

Mario Balotelli

Imię: Mario
Nazwisko: Barwuah Balotelli
Data urodzenia: 12 sierpnia 1990
Miejsce urodzenia: Palermo (Włochy)
Pozycja: środkowy lub boczny napastnik
Wzrost: 188 cm
Waga: 88 kg
Obecny klub: FC Liverpool
Numer: 45

Włoski napastnik pochodzący z Ghany to niewątpliwie najbardziej niepokorny i nieobliczalny zawodnik spośród grupy liczącej kilkudziesięciu najlepszych piłkarzy świata początku drugiej dekady XXI wieku. Dotychczas żaden trener, z samym José Mourinho na czele, nie był w stanie ujarzmić przerośniętego ego piłkarza i utrzymać Balotellego w ryzach przez dłuższy czas. Jednak kiedy tylko Włoch jest w pełni skoncentrowany na grze, potrafi niemal w pojedynkę przesądzić o losach kluczowych meczów, jak chociażby w półfinale mistrzostw Europy 2012, kiedy to jego szybkie dwa gole pozbawiły złudzeń jednego z głównych faworytów całego turnieju – Niemców. Na początku 2013 r. Balotelli po konflikcie z trenerem klubowym Robertem Mancinim opuścił Anglię. Włoski napastnik powrócił do ojczyzny i zasilił szeregi zespołu AC Milan. Zaprezentował się tam na tyle korzystnie, że postanowiono zastąpić nim w Liverpoolu sprzedanego do Barcelony Luisa Suareza.

KARIERA KLUBOWA:
2007-2010
Inter Mediolan
59 meczów, 20 bramek
2010-2013
Manchester City
54 mecze, 20 bramek
2013-2014
AC Milan
43 mecze, 26 bramek
2014-
FC Liverpool
3 mecze

KARIERA REPREZENTACYJNA:
2010-
Włochy
33 mecze, 13 bramek

SUKCESY:
Mistrz Anglii
z Manchesterem City (2012)
Wicemistrz Europy
z reprezentacją Włoch (2012)

Karim Benzema

Imię: Karim
Nazwisko: Benzema
Data urodzenia: 19 grudnia 1987
Miejsce urodzenia: Lyon (Francja)
Pozycja: napastnik
Przydomek: Bigbenz
Wzrost: 184 cm
Waga: 83 kg
Obecny klub: Real Madryt
Numer: 9

Karim Benzema reprezentował Francję we wszystkich rozgrywkach drużyn młodzieżowych. W 2004 r. zwyciężył w mistrzostwach Europy U-17. Był to pierwszy triumf tego kraju w tej kategorii wiekowej. W 2009 r. za sumę 35 mln euro przeszedł do Realu Madryt. Tam zdobył najszybszego gola w historii pojedynków Realu i Blaugrany – w 22 sekundzie meczu. Ponoć w 2008 r. Benzema zażądał zmiany numeru na koszulce na „10". Jednak bardziej prawdopodobne jest to, że chcieli tego sponsorzy, ponieważ z tym numerem grał kiedyś w kadrze Zinedine Zidane, do którego Benzema bywa porównywany.

KARIERA KLUBOWA:
2004-2009
Olympique Lyon
112 meczów, 43 bramki
2009-
Real Madryt
163 mecze, 73 bramki

KARIERA REPREZENTACYJNA:
2006-2007
Francja U-21
5 meczów
2007-
Francja
70 meczów, 22 bramki

SUKCESY:
Zwycięzca Ligi Mistrzów
z Realem Madryt (2014)
Mistrz Hiszpanii
Z Realem Madryt (2012)
Indywidulanie wybrany
najlepszym piłkarzem Francji (2011)

Jakub Błaszczykowski

Imię: Jakub
Nazwisko: Błaszczykowski
Data urodzenia: 14 grudnia 1985
Miejsce urodzenia: Truskolasy
Pozycja: pomocnik
Przydomki: Błaszczu, Kuba
Wzrost: 175 cm
Waga: 71 kg
Obecny klub: Borussia Dortmund
Numer: 16

Kuba Błaszczykowski miał osiem lat, kiedy zaczął trenować w Rakowie Częstochowa. Do klubu dojeżdżał codziennie, pokonując około 35 km w jedną stronę. Opiekę nad nim sprawował wujek Jerzy Brzęczek, który 42 razy wystąpił w piłkarskiej reprezentacji Polski (był też jej kapitanem). Swoją pierwszą bramkę dla biało-czerwonych Jakub zdobył 22 sierpnia 2007 r. w towarzyskim spotkaniu z Rosją w Moskwie. Z kolei 17 listopada 2010 r. zadebiutował w roli kapitana reprezentacji podczas meczu z Wybrzeżem Kości Słoniowej. Jako zawodnik klubu Borussia Dortmund na koszulce umieścił zdrobnienie swojego imienia, Kuba. Zrobił tak, gdyż Niemcy mieli problemy z wymówieniem jego nazwiska.

KARIERA KLUBOWA:
2003-2004
KS Częstochowa
24 mecze, 11 bramek
2005-2007
Wisła Kraków
51 meczów, 3 bramki
2007-
Borussia Dortmund
184 mecze, 27 bramek

KARIERA REPREZENTACYJNA:
2004
Polska U-19
8 meczów
2005-2006
Polska U-21
3 mecze, 1 bramka
2006-
Polska
68 meczów, 14 bramek

SUKCESY:
Finalista Ligi Mistrzów z Borussią Dortmund (2013)
Mistrz Niemiec z Borussią Dortmund (2011 i 2012)
Puchar Niemiec z Borussią Dortmund (2012)
Mistrz Polski z Wisłą Kraków (2005)
Indywidualnie piłkarz roku w plebiscycie tygodnika „Piłka Nożna" (2008, 2010)

Edinson Cavani

Imiona: Edinson Roberto
Nazwisko: Cavani Gómez
Data urodzenia: 14 lutego 1987
Miejsce urodzenia: Salto (Urugwaj)
Pozycja: napastnik
Przydomek: El Matador
Wzrost: 184 cm
Waga: 71 kg
Obecny klub: Paris Saint-Germain
Numer: 9

Reprezentujący Urugwaj Edinson Cavani przeszedł w 2010 r. do Napoli za około 17 mln euro. W sezonie 2010/2011 z 26 golami został wicekrólem strzelców Serie A. Zresztą już w swoim pierwszym meczu z Napoli zdobył dwa gole. Jego zespół pokonał wtedy Elfsborg w Lidze Europejskiej 2:0 i zakwalifikował się do turnieju głównego. Cavani przedłużył kontrakt z włoskim klubem do 2016 r. Jak podają media, ma zarabiać około 2 mln euro rocznie. Jego starszy brat, Walter Guglielmone, też jest piłkarzem i gra obecnie w urugwajskim Montevideo Wanderers. Uważa się jednak, że to młodszy Cavani jest bardziej utalentowany.

KARIERA KLUBOWA:
2006-2007
Danubio FC
25 meczów, 9 bramek
2007-2010
US Palermo
109 meczów, 34 bramki
2010-2013
SSC Napoli
104 mecze, 78 bramek
2013-
Paris Saint-Germain
34 mecze, 18 bramek

KARIERA REPREZENTACYJNA:
2006-2007
Urugwaj U-20
14 meczów, 10 bramek
2008-
Urugwaj
68 meczów, 23 bramki

SUKCESY:
Mistrz Ameryki Południowej
z reprezentacją Urugwaju (2011)
Zdobywca Pucharu Włoch z SSC Napoli
(2012)

Diego Costa

Imię: Diego
Nazwisko: da Silva Costa
Data urodzenia: 7 października 1988
Miejsce urodzenia: Lagarto (Brazylia)
Pozycja: napastnik
Wzrost: 188 cm
Waga: 81 kg
Obecny klub: Chelsea Londyn
Numer: 19

Brazylijczyk z hiszpańskim paszportem zasłużył na miano sprawcy największej sensacji w europejskich rozgrywkach klubowych sezonu 2013/2014. Silna osobowość Costy w połączeniu z pełną pasji i zaangażowania grą w roli egzekutora zaowocowała triumfem Atlético Madryt w walce o mistrzostwo Hiszpanii. Swoją życiową dyspozycję Diego Costa potwierdził również na arenie międzynarodowej. W elitarnej Lidze Mistrzów zespół Atlético pod wodzą niezawodnego snajpera dotarł aż do finału, eliminując po drodze takie potęgi, jak FC Barcelona i Chelsea Londyn. Już na początku meczu o wszystko przeciw wielkiemu Realowi piłkarz musiał opuścić boisko z powodu kontuzji. Jego koledzy walczyli dzielnie, przegrywając rywalizację dopiero w doliczonym czasie gry. Po tak udanym sezonie Diego Costa został sprzedany do Chelsea Londyn aż za 32 mln funtów.

KARIERA KLUBOWA:
2006-2007
Penafiel (wypożyczenie z Bragi)
13 meczów, 5 bramek
2007-2008
Celta Vigo (wyp. z Atlético Madryt)
30 meczów, 5 bramek
2008-2009
Albacete Balompie (wyp. z Atlético Madryt)
35 meczów, 10 bramek
2009-2010
Real Valladollid
34 mecze, 8 bramek
2010-2011
Atlético Madryt
28 meczów, 6 bramek
2012
Rayo Vallecano (wyp. z Atlético Madryt)
16 meczów, 10 bramek
2012-2014
Atlético Madryt
66 meczów, 37 bramek
2014-
Chelsea Londyn
5 meczów, 7 bramek

KARIERA REPREZENTACYJNA:
2013
Brazylia
2 mecze
2014-
Hiszpania
3 mecze

SUKCESY:
Mistrz Hiszpanii
z Atlético Madryt (2014)
Finalista Ligi Mistrzów
z Atlético Madryt (2014)

Ángel Di María

Imię: Ángel Fabián
Nazwisko: Di Mariá
Data urodzenia: 14 lutego 1988
Miejsce urodzenia: Rosario (Argentyna)
Pozycja: skrzydłowy
Wzrost: 180 cm
Waga: 70 kg
Obecny klub: Manchester United
Numer: 7

Argentyński zawodnik od najmłodszych lat wyróżniał się wyszkoleniem technicznym, dynamiką i kreatywnością. Jego błyskotliwe rajdy w bocznym sektorze boiska stanowią zazwyczaj ogromne zagrożenie dla bramki przeciwnika. Błyskotliwa gra Ángela Di Marii pozwoliła Realowi Madryt sięgnąć po wymarzoną i długo oczekiwaną La Decimę, czyli dziesiąty Puchar Ligi Mistrzów. Ponadto bez oskrzydlających akcji i dryblingów Di Marii nie byłoby zapewne srebrnego medalu reprezentacji Argentyny na brazylijskim Mundialu 2014. Manchester United za pięć lat spektakularnych występów Argentyńczyka zdecydował się zapłacić Realowi Madryt aż 75 mln euro.

KARIERA KLUBOWA:
2005-2007
Rosario Central
35 meczów, 6 bramek
2007-2010
Benfica Lizbona
76 meczów, 7 bramek
2010-2014
Real Madryt
124 mecze, 21 bramek
2014-
Manchester United
3 mecze, 2 gole

KARIERA REPREZENTACYJNA:
2008-
Argentyna
52 mecze, 11 bramek

SUKCESY:
Wicemistrz świata z reprezentacją Argentyny (2014)
Zwycięzca Ligi Mistrzów z Realem Madryt (2014)
Mistrz olimpijski z Pekinu z reprezentacją Argentyny (2008)

Edin Džeko

Imię: Edin
Nazwisko: Džeko
Data urodzenia: 17 marca 1986
Miejsce urodzenia: Sarajewo (Jugosławia)
Pozycja: napastnik
Wzrost: 193 cm
Waga: 84 kg
Obecny klub: Manchester City
Numer: 10

Edin Džeko prezentuje na boisku najlepsze cechy silnego i wysokiego napastnika, poparte nienaganną techniką. Bośniacki snajper zdołał przebojem podbić niemiecką Bundesligę i stworzył w przedniej formacji fantastyczny duet z Brazylijczykiem Grafite. Spektakularnie zdobyty tytuł mistrza Niemiec przez zespół z Wolfsburga otworzył przed Edinem Džeko drzwi do najbogatszego klubu świata – Manchesteru City. Na początku 2011 r. angielski klub zapłacił za Džeko aż 27 mln funtów. Za nikogo spośród wielu zakupionych z Bundesligi przed Bośniakiem gwiazd nie zapłacono aż tak wysokiej kwoty. Po transferze Džeko finansowy potentat z Manchesteru zdominował angielską Premier League i wywalczył dwa mistrzostwa kraju w ciągu trzech lat.

KARIERA KLUBOWA:
2003-2005
FK Željezničar Sarajevo
40 meczów, 5 bramek
2005-2007
FK Teplice
43 mecze, 16 bramek
2007-2011
VFL Wolfsburg
111 meczów, 66 bramek
2011-
Manchester City
113 meczów, 46 bramek

KARIERA REPREZENTACYJNA:
2007-
Bośnia i Hercegowina
62 mecze, 34 bramki

SUKCESY:
Mistrz Niemiec
z VFL Wolfsburg (2009)
Mistrz Anglii
z Manchesterem City (2012, 2014)
Indywidualnie król strzelców
Bundesligi (2010) – 22 bramki

Cesc Fàbregas

Imię: Francesc
Nazwisko: Fabregas
Data urodzenia: 4 maja 1987
Miejsce urodzenia: Arenys de Mar (Hiszpania)
Pozycja: ofensywny pomocnik
Wzrost: 175 cm
Waga: 73 kg
Obecny klub: FC Chelsea Londyn
Numer: 4

Wybitny hiszpański rozgrywający przeszedł nietypową drogę, emigrując z rodzinnych stron do Anglii w wieku zaledwie 16 lat. W niedługim czasie stał się jedną z kluczowych postaci londyńskiego Arsenalu, będąc graczem, który inicjuje niemal wszystkie akcje ofensywne swojego zespołu. O klasie Fàbregasa świadczy fakt, że to właśnie jemu udało się po czterdziestu latach przerwy zrobić karierę w zagranicznej lidze jako piłkarzowi rodem z Hiszpanii. Nawiązał tym samym do swojego rodaka Luisa Suareza Miramontesa, który w połowie lat 60. XX w. był jednym z filarów najlepszej wówczas klubowej drużyny Europy Interu Mediolan. Po ośmiu latach spektakularnej gry na Wyspach Brytyjskich o swojego wychowanka upomniał się czołowy klub Europy i świata – FC Barcelona. Fàbregas nie do końca jednak odnalazł się w swojej macierzystej drużynie, więc postanowił powrócić do Anglii i zasilił szeregi FC Chelsea Londyn.

KARIERA KLUBOWA:
2002-2011
Arsenal Londyn
212 meczów, 35 bramek
2011-2014
FC Barcelona
96 meczów, 28 bramek
2014-
FC Chelsea Londyn
5 meczów

KARIERA REPREZENTACYJNA:
2006-
Hiszpania
91 meczów, 13 bramek

SUKCESY:
Mistrz świata z reprezentacją Hiszpanii (2010)
Mistrz Europy z reprezentacją Hiszpanii (2008 i 2012)

Radamel Falcao

Imiona: Radamel Falcao
Nazwisko: García Zárate
Data urodzenia: 10 lutego 1986
Miejsce urodzenia: Santa Marta (Kolumbia)
Pozycja: napastnik
Przydomek: El Tigre
Wzrost: 177 cm
Waga: 70 kg
Obecny klub: Manchester United
Numer: 9

Wszyscy zwracają się do niego, używając drugiego imienia.

Otrzymał je po legendarnym Brazylijczyku i słynnym zawodniku AS Roma – Falcao.

W 2011 r. Atlético Madryt pozyskał kolumbijskiego piłkarza FC Porto Radamela Falcao za 40 mln euro. Tym samym stał się on najdroższym piłkarzem w historii tego klubu. Kiedy trafił do FC Porto, kosztował jedynie 4 mln euro. Po jednym z pierwszych meczów w Primera Division został bohaterem, strzelając hat-tricka. Obecnie Kolumbijczyk jest jednym z celów transferowych Chelsea. Podobno Roman Abramowicz gotowy jest zapłacić za Falcao aż 60 mln euro.

KARIERA KLUBOWA:
2005-2009
CA River Plate
87 meczów, 39 bramek
2009-2011
FC Porto
50 meczów, 41 bramek
2011-2013
Atletico Madryt
68 meczów, 52 bramki
2013-2014
AS Monaco
20 meczów, 11 bramek
2014-
Manchester United (wypożyczenie)
2 mecze

KARIERA REPREZENTACYJNA:
2007-
Kolumbia
51 meczów, 20 bramek

SUKCESY:
Zwycięzca Ligi Europy 2010/2011 z FC Porto i 2011/2012 z Atletico Madryt.

Fernandinho

Imię: *Fernando*
Nazwisko: *Luis Rosa*
Data urodzenia: *4 maja 1985*
Miejsce urodzenia: *Londrina (Brazylia)*
Pozycja: *pomocnik*
Przydomek: *Fernandinho*
Wzrost: *176 cm*
Waga: *67 kg*
Obecny klub: *Manchester City*
Numer: *25*

Fernandinho przed obecnym sezonem zasilił szeregi Manchesteru City. Kwota transferu wyniosła aż 40 milionów euro. Brazylijski rozgrywający występujący czasami również jako prawy obrońca był w latach 2005-2013 kluczowym zawodnikiem Szachtara Donieck. Po przenosinach do Anglii Fernandinho ma pełnić rolę lidera zespołu i stanowić jego siłę napędową w środkowej strefie boiska.

KARIERA KLUBOWA:
2002-2005
Atlético Paranaense
72 mecze, 14 bramek
2005-2013
Szachtar Donieck
176 meczów, 30 bramek
2013-
Manchester City
38 meczów, 5 bramek

KARIERA REPREZENTACYJNA:
2006-
Brazylia
16 meczów, 2 bramki

SUKCESY:
Finalista Copa Libertadores z Atlético Paranaense (2005)
Mistrz Anglii z Manchesterem City (2014)
Mistrz Ukrainy z Szachtarem Donieck (2006, 2008, 2010, 2011, 2012 i 2013)
Zdobywca Pucharu UEFA z Szachtarem Donieck (2009)

Mario Götze

Imię: Mario
Nazwisko: Götze
Data urodzenia: 3 czerwca 1992
Miejsce urodzenia: Memmingen (Niemcy)
Pozycja: ofensywny pomocnik
Wzrost: 176 cm
Waga: 64 kg
Obecny klub: Bayern Monachium
Numer: 19

Fenomenalnie uzdolniony niemiecki piłkarz młodego pokolenia występujący na co dzień w Bayernie Monachium. Jego największe atuty stanowią niekonwencjonalny drybling, przegląd pola, a także zaskakujące kąśliwe strzały poprzedzane efektownymi rajdami lub sprytną wymianą podań z kolegami z drużyny. Będąc zawodnikiem Borussii Dortmund, Götze doskonale współpracował i uzupełniał się z trzema reprezentantami Polski w osobach Jakuba Błaszczykowskiego, Roberta Lewandowskiego i Łukasza Piszczka. Niemieccy kibice zachwyceni brylantową techniką Götze nadali mu przydomek „Götzinho", nawiązując tym samym do brazylijskich wirtuozów sztuki piłkarskiej pokroju Garrinchy, Zico czy Ronaldinho. Fani trafnie ocenili możliwości Mario. Podczas ostatniego Mundialu rozegranego w Brazylii to nie kto inny jak Götze postawił kropkę nad „i" w wywalczeniu przez Niemców mistrzostwa świata, strzeliwszy jedynego gola w finale przeciwko Argentynie.

KARIERA KLUBOWA:
2010-2013
Borussia Dortmund
83 mecze, 22 bramki
2013-
Bayern Monachium
32 mecze, 13 bramek

KARIERA REPREZENTACYJNA:
2010-
Niemcy
37 meczów, 12 bramek

SUKCESY:
Mistrz świata
z reprezentacją Niemiec (2014)
Brązowy medal mistrzostw Europy
z reprezentacją Niemiec (2012)

İlkay Gündoğan

Imię: İlkay
Nazwisko: Gündoğan
Data urodzenia: 24 października 1990
Miejsce urodzenia: Gelsenkirchen (Niemcy)
Pozycja: defensywny pomocnik
Wzrost: 180 cm
Waga: 76 kg
Obecny klub: Borussia Dortmund
Numer: 8

Reprezentant Niemiec z tureckimi korzeniami to na dzień dzisiejszy czołowy defensywny pomocnik w skali całej Europy. Niezwykle skutecznie rozbija w środku pola wszelkie próby zawiązania przez rywali akcji zaczepnych. Poza odbiorem piłki Gündoğan imponuje między innymi umiejętnością niekonwencjonalnego rozgrywania i wyprowadzaniem błyskawicznych kontrataków.

KARIERA KLUBOWA:
2009-2011
1.FC Nürnberg
48 meczów, 6 bramek
2011-
Borussia Dortmund
56 meczów, 6 bramek

KARIERA REPREZENTACYJNA:
2011-
Niemcy
8 meczów, 2 bramki

SUKCESY:
Mistrz Niemiec z Borussią Dortmund (2012)
Finalista Ligi Mistrzów z Borussią Dortmund (2013)

Marek Hamšik

Imię: Marek
Nazwisko: Hamšik
Data urodzenia: 27 lipca 1987
Miejsce urodzenia: Bańska Bystrzyca
(Czechosłowacja)
Pozycja: środkowy pomocnik
Wzrost: 183 cm
Waga: 73 kg
Obecny klub: SSC Napoli
Numer: 17

Niezwykle wszechstronny i na wskroś ofensywnie usposobiony piłkarz ze Słowacji niemal całą swoją dotychczasową karierę związał z Półwyspem Apenińskim. Między 17. a 20. rokiem życia Marek Hamšik przeszedł chrzest bojowy, regularnie występując w drużynie Brescii Calcio. Następnie trafił do Neapolu i od tego momentu jego kariera nabrała ogromnego przyspieszenia. Słowak, grając jako wolny elektron na połowie przeciwnika, wysforował się na absolutnego lidera zespołu SSC Napoli, który to klub przy wydatnej pomocy Hamšika awansował na stałe do ścisłej czołówki ligi włoskiej. Marek Hamšik odnotował także spory sukces z reprezentacją Słowacji na Mundialu w 2010 r., awansując do drugiej rundy turnieju kosztem faworyzowanej ekipy Włoch.

KARIERA KLUBOWA:
2004
Slovan Bratysława
6 meczów, 1 bramka
2004-2007
65 meczów, 10 bramek
2004-2007
Brescia Calcio
65 meczów, 10 bramek
2007-
SSC Napoli
248 meczów, 68 bramek

KARIERA REPREZENTACYJNA:
2007-
Słowacja
70 meczów, 11 bramek

SUKCESY:
Puchar Włoch
z SSC Napoli (2012)

Eden Hazard

Imię: Eden
Nazwisko: Hazard
Data urodzenia: 7 stycznia 1991
Miejsce urodzenia: La Louviere (Belgia)
Pozycja: ofensywny pomocnik
Wzrost: 173 cm
Waga: 74 kg
Obecny klub: Chelsea Londyn
Numer: 10

Ten reprezentant Belgii nie mając jeszcze ukończonych 20 lat, został powszechnie uznany w 2010 r. za piłkarskie objawienie na skalę całej ligi francuskiej. Eden Hazard, dzięki wielkiej kreatywności połączonej z wysoką skutecznością pod bramką rywala, wywindował średniej klasy zespół OSC Lille do pozycji jednego z czołowych klubów we Francji. Dziś klub ten jest wymieniany jednym tchem obok takich potentatów, jak: Olympique Lyon, Olympique Marsylia czy Girondins Bordeaux. W sezonie 2010/2011 Hazard poprowadził OSC Lille do zdobycia podwójnej korony, czyli triumfu zarówno w rozgrywkach o mistrzostwo Francji, jak i w krajowym pucharze. Kiedy w kolejnym sezonie młody Belg potwierdził wysoką klasę w niezwykle wymagającej i prestiżowej Lidze Mistrzów, przeniósł się do Anglii, wzmacniając zespół Chelsea Londyn. Francuski zespół z Lille zarobił na tym transferze aż 40 milionów euro.

KARIERA KLUBOWA:
2007-2012
OSC Lille
147 meczów, 36 bramek
2012-
Chelsea Londyn
74 mecze, 24 bramki

KARIERA REPREZENTACYJNA:
2008-
Belgia
48 meczów, 6 bramek

SUKCESY:
Mistrz Francji
z OSC Lille (2011)
Zdobywca Pucharu Francji
z OSC Lille (2011)
Zwycięzca Ligi Europy z Chelsea Londyn
(2013)

Hulk

Imiona: Givanildo Vieira
Nazwisko: de Souza
Data urodzenia: 25 lipca 1986
Miejsce urodzenia: Campina Grande (Brazylia)
Pozycja: napastnik
Przydomek: Hulk
Wzrost: 180 cm
Waga: 85 kg
Obecny klub: Zenit Sankt Petersburg
Numer: 7

Givanildo Vieira de Souza, znany z atomowego strzału, sylwetki gladiatora i niezwykłego podobieństwa do aktora Lou Ferrigno, który wcielał się w postać Hulka w amerykańskim serialu telewizyjnym (stąd przydomek), trafił do FC Porto z ligi japońskiej za 19 mln euro. Z kolei w 2011 r. Porto zapłaciło za tego zawodnika 13,5 mln euro. De Souza przedłużył kontrakt z klubem do 2016 r. Pewnego razu Brazylijczyk pokazał się z włosami ufarbowanymi na złoto. Okazało się, że był to element kampanii reklamowej. W ramach tej akcji za ufarbowanie włosów piłkarz podobno otrzymał 50 tys. euro. W 2012 r. Hulk przeszedł z FC Porto do Zenita Sankt Petersburg za 40 milionów euro.

KARIERA KLUBOWA:
2005
Victoria Salvador
1 mecz
2005-2008
Kawasaki Frantale
11 meczów, 1 bramka
2006
Consadole Sapporo (wypożyczenie)
38 meczów, 25 bramek
2007
Tokyo Verdy (wypożyczenie)
42 mecze, 37 bramek
2008
Tokyo Verdy
11 meczów, 7 bramek
2008-2012
FC Porto
103 mecze, 55 bramek
2012-
Zenit Sankt Petersburg
49 meczów, 26 bramek

KARIERA REPREZENTACYJNA:
2009-
Brazylia
41 meczów, 9 bramek

SUKCESY:
Zwycięzca Ligi Europy
z FC Porto (2011)

Zlatan Ibrahimović

Imię: Zlatan
Nazwisko: Ibrahimović
Data urodzenia: 3 października 1981
Miejsce urodzenia: Malmö (Szwecja)
Pozycja: napastnik
Przydomki: Ibra, Ibracadabra
Wzrost: 195 cm
Waga: 95 kg
Obecny klub: Paris Saint-Germain
Numer: 10

24 mln euro – tyle włoski AC Milan zapłacił hiszpańskiej FC Barcelonie za Zlatana Ibrahimovića. Jest on Szwedem, choć jego ojciec pochodzi z Bośni i Hercegowiny, a matka – z Chorwacji. Gra w piłkę od 6. roku życia. Ponadto w wieku 17 lat zdobył czarny pas w taekwondo. Ponoć kiedyś na rozgrzewce Zlatan wypluł z ust gumę do żucia, podbił ją nogą kilka razy i złapał z powrotem do ust. Historia ta została wykorzystana w reklamie TV produktów pewnej znanej firmy. W połowie 2012 r. Ibrahimović został zawodnikiem Paris Saint-Germain. Francuski klub zapłacił za ten transfer 23 miliony euro.

KARIERA KLUBOWA:
1999-2001
Malmö FF
40 meczów, 16 bramek
2001-2004
Ajax Amsterdam
74 mecze, 35 bramek
2004-2006
Juventus Turyn
70 meczów, 23 bramki
2006-2009
Inter Mediolan
88 meczów, 57 bramek
2009-2011
FC Barcelona
29 meczów, 16 bramek
2010-2011
AC Milan (wypożyczenie)
28 meczów, 14 bramek
2011-2012
AC Milan
32 mecze, 28 bramek
2012-
Paris Saint-Germain
70 meczów, 61 bramek

KARIERA
REPREZENTACYJNA:
2001-
Szwecja
99 meczów, 48 bramek

SUKCESY
Klubowy Mistrz świata
z FC Barceloną (2009)

Andrés Iniesta

Imiona: Andrés Iniesta
Nazwisko: Luján
Data urodzenia: 11 maja 1984
Miejsce urodzenia: Fuentealbilla (Hiszpania)
Pozycja: pomocnik
Przydomek: Don Andres
Wzrost: 170 cm
Waga: 65 kg
Obecny klub: FC Barcelona
Numer: 8

Jako dwunastolatek Luján rozpoczął szkolenia w bazie treningowej FC Barcelony – La Masia, a w sezonie 2000/2001 wszedł do składu FC Barcelony B. Już od pierwszych treningów wyróżniał się grą na tle innych chłopców. Swoją pierwszą bramkę dla reprezentacji Hiszpanii zdobył w towarzyskim meczu z Anglią 7 lutego 2007 r. Nazywany bywa „Bladą Twarzą" lub „Synem Młynarza", gdyż jak na Hiszpana ma niezwykle jasną karnację. Dziś wyceniany jest na 60 mln euro.

KARIERA KLUBOWA:
2002-
FC Barcelona
339 meczów, 33 bramki

KARIERA REPREZENTACYJNA:
2003-2006
Hiszpania U-21
18 meczów, 6 bramek
2006-
Hiszpania
99 meczów, 11 bramek

SUKCESY:
Zwycięzca Ligi Mistrzów z FC Barceloną (2005/2006, 2008/2009, 2010/2011)
Mistrz świata z reprezentacją Hiszpanii (2010)
Mistrzostwo Europy z reprezentacją Hiszpanii (2008)
Mistrzostwo Europy z reprezentacją Hiszpanii (2008 i 2012)

Toni Kroos

Imię: Toni
Nazwisko: Kroos
Data urodzenia: 4 stycznia 1990
Miejsce urodzenia: Graifswald (RFN)
Pozycja: ofensywny pomocnik
Wzrost: 182 cm
Waga: 70 kg
Obecny klub: Real Madryt
Numer: 8

Reprezentant Niemiec pierwsze kroki w poważnym futbolu stawiał w juniorach Hansy Rostock. Jego niewątpliwy talent szybko dostrzegli skauci słynnego Bayernu Monachium i już w 2006 roku młodziutki Kroos przeniósł się do stolicy Bawarii. W latach 2009 – 2010 piłkarz spędził 18 miesięcy na wypożyczeniu w zespole Bayeru Leverkusen. W tym czasie dojrzał piłkarsko i zanotował wiele spektakularnych meczów na poziomie Bundesligi, okraszonych efektownymi bramkami. Specjalnością Kroosa stały się silne i precyzyjne strzały zza pola karnego, oddawane podczas płynnej gry, a także bezpośrednio z rzutów wolnych.

Od 2011 r. Kroos jest jedną z kluczowych postaci w pierwszej reprezentacji Niemiec, z którą sięgnął po mistrzostwo świata na Mundialu 2014 w Brazylii. Od nowego sezonu niemiecki pomocnik zasili szeregi Realu Madryt po transferze opiewającym na kwotę 25 mln euro.

KARIERA KLUBOWA:
2007-2009
Bayern Monachium
19 meczów
2009-2010
Bayer Leverkusen (wypożyczenie)
43 mecze, 10 bramek
2011-2014
Bayern Monachium
111 meczów, 13 bramek

2014-
Real Madryt
4 mecze

KARIERA REPREZENTACYJNA:
2010-
Niemcy
53 mecze, 7 bramek

SUKCESY:
Mistrz Niemiec z Bayernem Monachium (2013, 2014)
Zwycięzca Ligi Mistrzów z Bayernem Monachium (2013)
Mistrz świata z reprezentacją Niemiec (2014)
Brązowy medal Mistrzostw Europy z reprezentacją Niemiec (2012)

Robert Lewandowski

Imię: Robert
Nazwisko: Lewandowski
Data urodzenia: 21 sierpnia 1988
Miejsce urodzenia: Warszawa
Pozycja: pomocnik, napastnik
Przydomek: Lewy
Wzrost: 184 cm
Waga: 78 kg
Obecny klub: Bayern Monachium
Numer: 9

Robert Lewandowski robi oszałamiającą karierę w jednej z czołowych lig Europy na miarę tej, która była udziałem Zbigniewa Bońka na początku lat 80. XX wieku. Polak na chwilę obecną osiągnął w klubowej piłce niemal wszystkie możliwe sukcesy. Po głośnym transferze do Bayernu Monachium Robert zdążył już zaliczyć serię udanych gier pod wodzą trenera Guardioli. Do pełni szczęścia i spełnienia brakuje Lewandowskiemu spektakularnego występu z reprezentacją Polski na imprezie rangi mistrzostw świata czy Europy.

KARIERA KLUBOWA:
2006-2008
Znicz Pruszków
64 mecze, 36 bramek
2008-2010
Lech Poznań
58 meczów, 32 bramki
2010-2014
Borussia Dortmund
131 meczów, 74 bramki
2014-
Bayern Monachium
5 meczów, 2 bramki

KARIERA REPREZENTACYJNA:
2008
Polska U-21
3 mecze, 0 bramek
2008-
Polska
62 mecze, 23 bramki

SUKCESY:
Mistrz Polski z Lechem Poznań (2009/2010)
Mistrz Niemiec z Borussią Dortmund (2011 i 2012)
Finalista Ligi Mistrzów z Borussią Dortmund (2013)
Indywidualnie król strzelców Bundesligi (2014) – 20 goli
Piłkarz roku w plebiscycie tygodnika „Piłka Nożna" (2011)

David Luiz

Imiona: David Luiz
Nazwisko: Moreira Marinho
Data urodzenia: 22 kwietnia 1987
Miejsce urodzenia: Diadema (Brazylia)
Pozycja: obrońca
Wzrost: 189 cm
Waga: 84 kg
Obecny klub: Paris Saint-Germain
Numer: 32

David Luiz to niezwykle silny i skuteczny w destrukcji obrońca rodem z Brazylii. Na skali talentu Luiza najszybciej poznali się włodarze Benfiki Lizbona. Następnie w 2011 r. Brazylijczyk został pozyskany przez zespół Chelsea Londyn za kwotę 25 mln euro. Reprezentant Brazylii odegrał jedną z kluczowych ról w drodze do triumfu londyńczyków zarówno w Lidze Mistrzów (2012), jak i w Lidze Europy (2013). Latem 2014 r. David Luiz uczynił niespodziewany krok i przeszedł do francuskiego potentata Paris Saint-Germain za blisko 50 mln euro.

KARIERA KLUBOWA:
2005-2007
Vitória Salvador
47 meczów, 7 bramek
2007-2011
Benfica Lizbona
82 mecze, 4 bramki
2011-2014
FC Chelsea Londyn
81 meczów, 6 bramek
2014-
Paris Saint-Germain
3 mecze

KARIERA REPREZENTACYJNA:
2010-
Brazylia
44 mecze, 2 bramki

SUKCESY:
Zwycięzca Ligi Mistrzów z FC Chelsea Londyn (2012)
Zwycięzca Ligi Europy z FC Chelsea Londyn (2013)
Mistrz Portugalii z Benficą Lizbona (2010)

Marcelo

Imię: Marcelo
Nazwisko: Vieira da Silva Júnior
Data urodzenia: 12 maja 1988
Miejsce urodzenia: Rio de Janeiro (Brazylia)
Pozycja: lewy obrońca lub lewoskrzydłowy
Przydomek: Marcelo
Wzrost: 174 cm
Waga: 75 kg
Obecny klub: Real Madryt
Numer: 12

Brazylijski piłkarz Marcelo dzięki błyskotliwym występom w zespole Fluminense Rio de Janeiro trafił jako nastolatek w 2007 r. do słynnego Realu Madryt za kwotę 8 milionów euro. Po kilku miesiącach aklimatyzacji Marcelo wywalczył sobie stałe miejsce w wyjściowym składzie drużyny „Królewskich", która pod wodzą nowego trenera Bernda Schustera obroniła zdobyte w poprzednim sezonie mistrzostwo Hiszpanii. Brazylijczyk został jednym z kluczowych piłkarzy Realu, grając na lewej stronie boiska zarówno w obronie, jak i na skrzydle. Z kolei u trenera José Mourinho Marcelo stał się etatowym lewym obrońcą, który w razie potrzeby wspomaga atak swojego zespołu, zdobywając bramki i zaliczając wiele asyst.

KARIERA KLUBOWA:
2005-2006
Fluminense Rio de Janeiro
30 meczów, 6 bramek
2007-
Real Madryt
199 meczów, 15 bramek

KARIERA REPREZENTACYJNA:
2006-
Brazylia
37 meczów, 4 bramki

SUKCESY:
Zwycięzca Ligi Mistrzów
z Realem Madryt (2014)
Mistrz Hiszpanii
z Realem Madryt (2007, 2008, 2012)
Puchar Hiszpanii
z Realem Madryt (2012)
Srebrny medal Igrzysk Olimpijskich
z reprezentacją Brazylii (2012)

Juan Mata

Imiona: Juan Manuel
Nazwisko: Mata García
Data urodzenia: 28 kwietnia 1988
Miejsce urodzenia: Burgos (Hiszpania)
Pozycja: pomocnik
Wzrost: 174 cm
Waga: 61 kg
Obecny klub: Manchester United
Numer: 8

Ten reprezentant Hiszpanii nadzwyczaj korzystnie prezentuje się na boisku w roli wszędobylskiego rozgrywającego, mającego za zadanie misterne konstruowanie ataku pozycyjnego. Ruchliwość Juana Maty umożliwia skuteczną grę kombinacyjną opartą na krótkich podaniach i ciągłych zmianach pozycji. Kolejnym atutem Maty są silne i precyzyjne strzały, oddawane zarówno z pola karnego, jak i z dalszej odległości.

KARIERA KLUBOWA:
2007-2011
Valencia
129 meczów, 33 bramki
2011-2013
FC Chelsea Londyn
82 mecze, 17 bramek
2013-
Manchester United
20 meczów, 8 bramek

KARIERA REPREZENTACYJNA:
2009-
Hiszpania
33 mecze, 10 bramek

SUKCESY:
Mistrz świata z reprezentacją Hiszpanii (2010)
Mistrz Europy z reprezentacją Hiszpanii (2012)
Zwycięzca Ligi Mistrzów z FC Chelsea Londyn (2012)
Zwycięzca Ligi Europy z FC Chelsea Londyn (2013)

Lionel Messi

Imiona: Lionel Andrés
Nazwisko: Messi
Data urodzenia: 24 czerwca 1987
Miejsce urodzenia: Rosario (Argentyna)
Pozycja: napastnik, pomocnik
Przydomek: La Pulga Atomica
Wzrost: 169 cm
Waga: 67 kg
Obecny klub: FC Barcelona
Numer: 10

Gdy Lionel Messi miał lat 11, zdiagnozowano u niego niedobór hormonu wzrostu. Jego rodziców nie było jednak stać na drogie leki. Chłopiec miał szczęście, bo o talencie piłkarskim młodego zawodnika dowiedział się dyrektor sportowy FC Barcelony, Carles Rexach, który postanowił w zamian za jego przejście do klubu sfinansować leczenie. Umowę tę spisano na papierowej serwetce. Debiutując w Primera División, Lionel Messi pobił dwa rekordy – stał się najmłodszym graczem, który wystąpił oraz zdobył gola w tych rozgrywkach. Messi nazywany jest atomową pchłą. Pchłą, ponieważ jest drobnej budowy, a atomową ze względu na dynamiczny i ofensywny styl gry.

KARIERA KLUBOWA:
2003-2004
FC Barcelona
22 mecze, 6 bramek
2004-
FC Barcelona
281 meczów, 246 bramek

KARIERA REPREZENTACYJNA:
2005
Argentyna U-20
7 meczów, 6 bramek
2008
Argentyna U-23
5 meczów, 2 bramki
2005-
Argentyna
92 mecze, 42 bramki

SUKCESY:
Wicemistrz świata
z reprezentacją Argentyny (2014)
Mistrz olimpijski z Pekinu
z reprezentacją Argentyny (2008)
Zwycięzca Ligi Mistrzów
z FC Barceloną (2006, 2009, 2011)
Indywidualnie czterokrotny laureat
Złotej Piłki (2009, 2010, 2011, 2012)

Lucas Moura

Imię: Lucas
Nazwisko: Rodrigues Moura da Silva
Data urodzenia: 13 sierpnia 1982
Miejsce urodzenia: São Paulo (Brazylia)
Pozycja: ofensywny pomocnik
Przydomek: Marcelinho
Wzrost: 174 cm
Waga: 66 kg
Obecny klub: Paris Saint-Germain
Numer: 7

Na kilka dni przed ukończeniem 20 lat Lucas Moura został pozyskany przez francuski zespół Paris Saint-Germain. Za niezwykle uzdolnionego rozgrywającego zapłacono aż 40 milionów euro. Etatowy reprezentant Brazylii przeniósł się do Europy w styczniu 2013 r. Lucas Moura doskonale panuje nad piłką, dzięki czemu bez żadnych kompleksów organizuje atak pozycyjny paryżan. Ponadto dysponuje piorunującym przyspieszeniem, które pozwala mu uwolnić się spod opieki niemal każdego obrońcy.

KARIERA KLUBOWA:
2010-2013
FC São Paulo
74 mecze, 19 bramek
2013-
Paris Saint-Germain
54 mecze, 7 bramek

KARIERA REPREZENTACYJNA:
2011-
Brazylia
31 meczów, 4 bramki

SUKCESY:
Srebrny medal igrzysk olimpijskich z reprezentacją Brazylii (2012)
Mistrz Francji z Paris Saint-Germain (2013, 2014)

Thomas Müller

Imię: Thomas
Nazwisko: Müller
Data urodzenia: 13 września 1989
Miejsce urodzenia: Weilheim in Oberbayern
(Niemcy)
Pozycja: ofensywny pomocnik, napastnik
Wzrost: 186 cm
Waga: 74 kg
Obecny klub: Bayern Monachium
Numer: 25

Reprezentant Niemiec mając zaledwie 20 lat został okrzyknięty objawieniem Mistrzostw Świata rozegranych w Republice Południowej Afryki (2010). Młodziutki Müller strzelał w turnieju kluczowe bramki, które znacząco przyczyniły się do wyeliminowania z walki o czołowe lokaty reprezentacje Anglii i Argentyny. Na kolejnym Mundialu rozegranym w Brazylii (2014) dzięki dojrzałej i skutecznej grze Müllera zespół niemiecki wywalczył po raz czwarty w historii mistrzostwo świata. Legendarny snajper Gerd Müller namaszczając swego czasu piłkarza Bayernu Monachium na swojego następcę, doskonale ocenił drzemiący w Thomasie potencjał.

KARIERA KLUBOWA:
2008-
Bayern Monachium
170 meczów, 60 bramek

KARIERA REPREZENTACYJNA:
2010-
Niemcy
58 meczów, 24 bramki

SUKCESY:
Mistrzostwo świata
z reprezentacją Niemiec (2014)
Brązowy medal Mistrzostw Europy
z reprezentacją Niemiec (2012)
Zwycięzca Ligi Mistrzów
z Bayernem Monachium (2013)
Indywidualnie król strzelców
mistrzostw świata w RPA (2010) –
5 bramek

Manuel Neuer

Imię: Manuel
Nazwisko: Neuer
Data urodzenia: 27 marca 1986
Miejsce urodzenia: Gelsenkirchen (Niemcy)
Pozycja: bramkarz
Wzrost: 193 cm
Waga: 89 kg
Obecny klub: Bayern Monachium
Numer: 1

Osoba Manuela Neuera stanowi doskonały przykład modelowej kariery bramkarza. Mistrz świata z reprezentacją Niemiec płynnie pokonywał kolejne etapy w drodze na piłkarski szczyt zarówno w klubie, jak i w drużynie narodowej. W grze Neuera trudno doszukać się słabych stron. Niemiecki golkiper broni na linii bramkowej z niezwykłym wyczuciem i refleksem. Jego największy atut stanowi jednak gra na przedpolu. Neuer potrafi niepostrzeżenie wcielić się w rolę ostatniego obrońcy, łatającego wszystkie możliwe dziury, których nie są w stanie załatać nominalni defensorzy. Ponadto z wielką wprawą dyryguje całą formacją obronną i umiejętnie wznawia grę precyzyjnymi wyrzutami piłki do partnerów.

KARIERA KLUBOWA:
2005-2011
FC Schalke 04 Gelsenkirchen
156 meczów
2011-
Bayern Monachium
100 meczów

KARIERA REPREZENTACYJNA:
2009-
Niemcy
54 mecze

SUKCESY:
Mistrzostwo świata
z reprezentacją Niemiec (2014)
Brązowy medal mistrzostw Europy
z reprezentacją Niemiec (2012)
Zwycięzca Ligi Mistrzów
z Bayernem Monachium (2013)

Neymar

Imię: Neymar
Nazwisko: da Silva Santos Júnior
Data urodzenia: 5 lutego 1992
Miejsce urodzenia: Moji das Cruzes (Brazylia)
Pozycja: napastnik
Przydomek: Nowy Pele
Wzrost: 174 cm
Waga: 64 kg
Obecny klub: FC Barcelona
Numer: 11

Brazylijski wirtuoz coraz pewniejszym krokiem wkracza do współczesnego panteonu największych gwiazd światowego futbolu. Latem 2013 r. w nie do końca jasnych okolicznościach Neymar przeszedł z brazylijskiego Santosu do Barcelony. Dopiero na początku następnego roku ujawniono, że całkowita kwota transferu przekroczyła 86 mln euro. Mistrzostwa świata w Brazylii pokazały dobitnie, jak wielkie umiejętności posiada Neymar. Dopóki pozwalało zdrowie Brazylijczyk rozstrzygał o kolejnych zwycięstwach gospodarzy. Niestety, brutalny faul Kolumbijczyka Zunigi wykluczył dalszy udział Neymara w turnieju, redukując tym samym do minimum szanse Brazylii na grę w wielkim finale.

KARIERA KLUBOWA:
2009-2013
Santos FC
103 mecze, 54 bramki
2013-
FC Barcelona
29 meczów, 12 bramek

KARIERA REPREZENTACYJNA:
2009
Brazylia U-17
3 mecze, 1 bramka
2011
Brazylia U-20
7 meczów, 8 bramek
2010-
Brazylia
53 mecze, 36 bramek

SUKCESY:
Najlepszy piłkarz Brazylii (2011)

Oscar

Imię: Oscar
Nazwisko: dos Santos Emboaba Júnior
Data urodzenia: 9 września 1991
Miejsce urodzenia: Americana (Brazylia)
Pozycja: pomocnik
Wzrost: 180 cm
Waga: 66 kg
Obecny klub: FC Chelsea Londyn
Numer: 11

Brazylijski pomocnik imponujący kreatywnością w roli rozgrywającego, posiada w chwili obecnej status gwiazdy zarówno w reprezentacji kraju, jak i w klubowej drużynie FC Chelsea Londyn. Wyborna technika użytkowa wywindowała Oscara do roli kluczowej postaci centralnej strefy boiska. W zakończonych niedawno mistrzostwach świata w Brazylii sam Oscar zanotował całkiem udane występy. Niestety, drużyna gospodarzy Mundialu zaliczyła w meczu półfinałowym sromotną klęską – ulegli Niemcom aż 1:7. Kolejny turniej o mistrzostwo świata, kiedy to Oscar osiągnie zapewne szczyt formy, zweryfikuje ostatecznie jego możliwości.

KARIERA KLUBOWA:
2009-2010
São Paulo
11 meczów
2010-2012
Internacional Porto Alegre
36 meczów, 11 bramek

2012-
FC Chelsea Londyn
70 meczów, 12 bramek

KARIERA REPREZENTACYJNA:
2011-
Brazylia
39 meczów, 11 bramek

SUKCESY:
Srebrny medal igrzysk olimpijskich z reprezentacją Brazylii (2012)
Zwycięzca Ligi Europy z FC Chelsea Londyn (2013)

Mesut Özil

Imię: Mesut
Nazwisko: Özil
Data urodzenia: 15 października 1988
Miejsce urodzenia: Gelsenkirchen (Niemcy)
Pozycja: pomocnik
Przydomki: El Búho, Öziluz, El Mago
Wzrost: 181 cm
Waga: 70 kg
Obecny Klub: Arsenal Londyn
Numer: 11

Przydomki Özila oznaczają: El Búho – puszczyk, a El Mago – czarodziej. Do Realu Madryt trafił za 15 mln euro. Zawodnik ten podpisał kontrakt do 2016 r. W tym klubie chciałby zresztą grać aż do końca swojej piłkarskiej kariery. Sezon 2010/2011 zakończył z 25 asystami na koncie, co jest najlepszym wynikiem na boiskach europejskich. Jako piłkarz świetnie pracuje nogami i znany jest ze swoich niesamowitych przejęć piłki w trudnych sytuacjach oraz stwarzania kolegom licznych sytuacji bramkowych. Dziś uważa się, że Mesut wart jest już 32 mln euro.

KARIERA KLUBOWA:
2006-2008
Schalke 04
30 meczów, 0 bramek
2008-2010
Werder Brema
71 meczów, 13 bramek
2010-2013
Real Madryt
105 meczów, 19 bramek
2013-
Arsenal Londyn
30 meczów, 6 bramek

KARIERA REPREZENTACYJNA:
2006-2007
Niemcy U-19
11 meczów, 4 bramki
2007-2009
Niemcy U-21
16 meczów, 5 bramek
2009-
Niemcy
62 mecze, 18 bramek

SUKCESY:
Mistrz świata z reprezentacją Niemiec U-21 (2009)
Brązowy medalista mistrzostw Europy z reprezentacją Niemiec (2012)
Brązowy medalista mistrzostw świata z reprezentacją Niemiec (2010)
Piłkarz roku w Niemczech (2011)

Javier Pastore

Imiona: Javier Matias
Nazwisko: Pastore
Data urodzenia: 30 czerwca 1989
Miejsce urodzenia: Huracan (Argentyna)
Pozycja: ofensywny pomocnik
Przydomek: El Flaco (Chudzielec)
Wzrost: 187 cm
Waga: 78 kg
Obecny klub: Paris Saint-Germain
Numer: 27

Kibice i eksperci piłkarscy z całego świata po obserwacji stylu i jakości gry młodego Argentyńczyka widzą w jego osobie ulepszoną i nieco zmodyfikowaną wersję schodzącego powoli ze sceny Brazylijczyka Kaki. Pastore nie imponuje co prawda szybkością w grze, ale niedostatek ten rekompensuje z nawiązką między innymi skutecznym rozegraniem piłki poprzez wybór najbardziej optymalnych i zaskakujących dla rywala rozwiązań. Niezwykle elegancko poruszający się po boisku Pastore, dzięki widowiskowej grze na włoskich boiskach w barwach US Palermo zwrócił na siebie uwagę najbogatszych klubów Europy i ostatecznie trafił do Paris Saint-Germain za astronomiczną sumę 43 milionów euro.

KARIERA KLUBOWA:
2008-2009
Huracan
5 meczów
2009-2011
US Palermo
51 meczów, 14 bramek
2011-
Paris Saint-Germain
102 mecze, 18 bramek

KARIERA REPREZENTACYJNA:
2009-
Argentyna
13 meczów

SUKCESY:
Mistrz Francji
z Paris Saint-Germain (2013, 2014)

Pedro

Imiona: Pedro Eliezer
Nazwisko: Rodriguez Ledesma
Data urodzenia: 28 lipca 1987
Miejsce urodzenia: Santa Cruz de Tenerife
(Hiszpania)
Pozycja: napastnik, skrzydłowy
Przydomek: Pedrito
Wzrost: 169 cm
Waga: 64 kg
Obecny klub: FC Barcelona
Numer: 7

Pedro Rodriguez niemal całą dotychczasową karierę związał z klubem FC Barcelona. Reprezentant Hiszpanii wyróżnia się na boisku przede wszystkim szybkością i przebojowością. Jego błyskotliwe szarże są niebywale trudne do powstrzymania dla obrońców rywali.
W meczach Barcelony Pedro doskonale wspomaga i uzupełnia argentyńskiego wirtuoza Lionela Messiego.

KARIERA KLUBOWA:
2008-
FC Barcelona
173 mecze, 53 bramki

KARIERA REPREZENTACYJNA:
2010-
Hiszpania
42 mecze, 15 bramek

SUKCESY:
Mistrz świata z reprezentacją Hiszpanii (2010)
Mistrz Europy z reprezentacją Hiszpanii (2012)
Zwycięzca Ligi Mistrzów z FC Barceloną (2009 i 2011)
Indywidualnie pierwszy i dotychczas jedyny piłkarz w historii, który strzelał gole w sześciu różnych rozgrywkach klubowych w ciągu jednego roku (2009)

Gerard Piqué

Imię: Gerard
Nazwisko: Piqué Bernabeu
Data urodzenia: 2 lutego 1987
Miejsce urodzenia: Barcelona (Hiszpania)
Pozycja: obrońca
Wzrost: 192 cm
Waga: 85 kg
Obecny klub: FC Barcelona
Numer: 3

Gerard Piqué rozpoczynał karierę w drużynie młodzieżowej FC Barcelony. W 2004 r., mając 17 lat, odszedł z klubu do Manchester United FC, jednak wrócił cztery lata później. Jego kontrakt z FC Barceloną kończy się w 2015 r., a kwota, za jaką mógłby odejść, wynosi aż 150 mln euro. Piqué jest trzecim piłkarzem w historii (obok Marcela Desailly'ego i Paula Sousy), który wygrał Ligę Mistrzów dwa razy z rzędu, ale z różnymi klubami. Choć jest młodym zawodnikiem, nazywany bywa nowym Beckenbauerem, porówuje się go także z Hierro. Piqué wystąpił w teledysku Shakiry do piosenki *Waka Waka* (oficjalna piosenka mistrzostw świata w RPA w 2010 r.).

KARIERA KLUBOWA:
2004-2008
Manchester United FC
12 meczów, 2 bramki
2006-2007
Real Saragossa (wypożyczenie)
22 mecze, 2 bramki
2008-
FC Barcelona
166 meczów, 12 bramek

KARIERA REPREZENTACYJNA:
2006
Hiszpania U-19
7 meczów, 3 bramki
2007
Hiszpania U-20
5 meczów, 1 bramka
2006-2008
Hiszpania U-21
12 meczów, 1 bramka

2009
Hiszpania
60 meczów, 4 bramki

SUKCESY:
Mistrz świata z
z reprezentacją Hiszpanii (2010)

Mistrz Europy
z reprezentacją Hiszpanii (2012)
Zwycięzca Ligi Mistrzów
z Manchesterem United (2008)
Zwycięzca Ligi Mistrzów
z FC Barceloną (2009, 2011)

Andrea Pirlo

Imię: Andrea
Nazwisko: Pirlo
Data urodzenia: 19 maja 1979
Miejsce urodzenia: Flero (Włochy)
Pozycja: środkowy pomocnik
Wzrost: 177 cm
Waga: 68 kg
Obecny klub: Juventus Turyn
Numer: 21

Niezwykle kreatywny środkowy pomocnik, który specjalizuje się w organizowaniu ataku pozycyjnego. Doskonale reguluje tempo gry i stwarza duże zagrożenie dla bramki przeciwnika poprzez znakomite prostopadłe podania kierowane bezpośrednio do szybkich napastników. Ponadto włoski rozgrywający fenomenalnie egzekwuje wszystkie stałe fragmenty gry ze szczególnym uwzględnieniem rzutów wolnych. Niechciany w drużynie Interu Mediolan, odżył w zespole lokalnego rywala AC Milan. Niemal wszystkie sukcesy mediolańczyków (a także reprezentacji Włoch) odniesione w pierwszej dekadzie XXI w., łączą się nierozerwalnie z osobą Andrei Pirlo. W 2011 r. Pirlo dość niespodziewanie opuścił Mediolan i zasilił szeregi innego potentata – ekipy Juventusu Turyn.

KARIERA KLUBOWA:
1994-1998
Brescia Calcio
47 meczów, 6 bramek
1998-2001
Inter Mediolan
22 mecze
2001-2011
AC Milan
284 mecze, 32 bramki
2011-
Juventus Turyn
99 meczów, 13 bramek

KARIERA REPREZENTACYJNA:
2002-
Włochy
111 meczów, 13 bramek

SUKCESY:
Zwycięzca Ligi Mistrzów
z AC Milan (2003 i 2007)
Mistrz świata
z reprezentacją Włoch (2006)
Wicemistrz Europy
z reprezentacją Włoch (2012)

Łukasz Piszczek

Imię: Łukasz
Nazwisko: Piszczek
Data urodzenia: 3 czerwca 1985
Miejsce urodzenia: Czechowice-Dziedzice (Polska)
Pozycja: prawy obrońca lub prawoskrzydłowy
Wzrost: 184 cm
Waga: 75 kg
Obecny klub: Borussia Dortmund
Numer: 26

Czołowy obrońca Bundesligi i jeden z kluczowych zawodników wciąż aktualnego mistrza Niemiec Borussii Dortmund rozpoczynał karierę jako środkowy napastnik. Wszechstronnie uzdolniony junior Gwarka Zabrze oczarował swoją grą skautów niemieckiej Herthy BSC Berlin, którzy podpisali z Piszczkiem długoletni kontrakt. Kolejnym krokiem w karierze Polaka był trzyletni pobyt na wypożyczeniu w drużynie Zagłębia Lubin, który zakończył się zdobyciem tytułu Mistrza Polski w 2007 r. Po powrocie do Berlina przyszły reprezentant Polski długo się aklimatyzował i grał poniżej oczekiwań. Punktem zwrotnym okazała się dla niego zmiana pozycji na boisku. Trener Lucien Favre przekwalifikował Piszczka najpierw na prawoskrzydłowego, a następnie na prawego obrońcę, dzięki czemu został wykorzystany największy atut Łukasza w postaci niespożytych sił, które pozwalają mu niezmordowanie biegać od jednego do drugiego pola karnego.

KARIERA KLUBOWA:
2004-2010
Hertha BSC Berlin
68 meczów, 3 bramki
2004-2007
Zagłębie Lubin (wypożyczenie)
69 meczów, 14 bramek
2010-
Borussia Dortmund
117 meczów, 9 bramek

KARIERA REPREZENTACYJNA:
2007-
Polska
37 meczów, 2 bramki

SUKCESY:
Finalista Ligi Mistrzów

z Borussią Dortmund (2013)
Mistrz Niemiec
z Borussią Dortmund (2011 i 2012)
Puchar Niemiec
z Borussią Dortmund (2012)
Mistrz Polski
z Zagłębiem Lubin (2007)

Sergio Ramos

Imię: Sergio
Nazwisko: Ramos Garcia
Data urodzenia: 30 marca 1986
Miejsce urodzenia: Carnas (Sewilla) (Hiszpania)
Pozycja: środkowy lub prawy obrońca
Przydomki: El Lobo (Wilk), Emperador (Cesarz)
Wzrost: 183 cm
Waga: 75 kg
Obecny klub: Real Madryt
Numer: 4

Wybitny hiszpański obrońca pochodzący z Andaluzji i kochający klub FC Sevilla posiadł tak duże umiejętności, że postanowił poskromić uczucia i związać się na wiele lat z kastylijskim gigantem Realem Madryt. Królewski klub ze stolicy Hiszpanii przeprowadził w tym celu jeden z licznych spektakularnych transferów, płacąc za młodego piłkarza aż 27 mln euro. Sergio Ramos już blisko dziesięć lat stanowi prawdziwą opokę zarówno w klubie, jak i w drużynie narodowej. Nominalny stoper często zdobywa kluczowe bramki po perfekcyjnych uderzeniach głową. Mistrz świata i Europy z reprezentacją Hiszpanii jest w tej chwili jednym z kilku najbardziej utytułowanych piłkarzy globu. W sezonie 2013/2014 triumfował z Realem Madryt w prestiżowej Lidze Mistrzów, wywalczając tym samym ostatnie brakujące trofeum w swojej imponującej kolekcji.

KARIERA KLUBOWA:
2004-2005
FC Sevilla
39 meczów, 2 bramki
2005-
Real Madryt
291 meczów, 37 bramek

KARIERA REPREZENTACYJNA:
2005-
Hiszpania
119 meczów, 10 bramek

SUKCESY:
Mistrz świata
z reprezentacją Hiszpanii (2010)
Mistrz Europy
z reprezentacją Hiszpanii (2008 i 2012)
Zwycięzca Ligi Mistrzów
z Realem Madryt (2014)

Marco Reus

Imię: Marco
Nazwisko: Reus
Data urodzenia: 31 maja 1989
Miejsce urodzenia: Dortmund (RFN)
Pozycja: ofensywny pomocnik, skrzydłowy
napastnik
Wzrost: 180 cm
Waga: 67 kg
Obecny klub: Borussia Dortmund
Numer: 11

Niezwykle wszędobylski i bardzo ofensywnie usposobiony reprezentant Niemiec, występujący na niemal wszystkich pozycjach na połowie przeciwnika. Regularnie wciela się w rolę egzekutora i czyni to na tyle skutecznie, że w liczbie strzelonych goli potrafi dorównać etatowym napastnikom. Talent Reusa eksplodował na boiskach Bundesligi w latach 2010-2012, kiedy to młody zawodnik przywrócił blask pozostającej przez długie lata w cieniu Borussii Mönchengladbach. Dopiero wówczas wielki potencjał Reusa został doceniony przez klub, w którym młody Niemiec stawiał pierwsze kroki. Jego macierzysta Borussia Dortmund postanowiła dokonać spektakularnego transferu, płacąc swojej imienniczce z Mönchengladbach aż 17,5 miliona euro.

KARIERA KLUBOWA:
2010-2012
Borussia Mönchengladbach
97 meczów, 36 bramek
2012-
Borussia Dortmund
64 mecze, 31 bramek

KARIERA REPREZENTACYJNA:
2011-
Niemcy
23 mecze, 7 bramek

SUKCESY:
Brązowy medal Mistrzostw Europy
z reprezentacją Niemiec (2012)
Finalista Ligi Mistrzów
z Borussią Dortmund (2013)

Franck Ribéry

Imiona: Franck Bilal
Nazwisko: Ribéry
Data urodzenia: 7 kwietnia 1983
Miejsce urodzenia: Boulogne-sur-Mer (Francja)
Pozycja: skrzydłowy, pomocnik
Przydomki: The Magician, Frankenstein, La Flagada
Wzrost: 170 cm
Waga: 70 kg
Obecny klub: Bayern Monachium
Numer: 7

Kiedy miał dwa lata, brał udział w wypadku, podczas którego wypadł z auta. Pamiątką po tym wydarzeniu pozostała blizna, widoczna po prawej stronie twarzy. Zawodnik nawet w dorosłym życiu nie chciał jej usunąć ani prostować sobie zębów i złamanego nosa, uważa bowiem, że „blizny to nic hańbiącego". W 2007 r. dołączył do niemieckiego klubu Bayern Monachium za kwotę transferową 25 mln euro. Nie jest typowym skrzydłowym, ale piłkarzem grającym na całej szerokości boiska oraz motorem napędowym drużyny.

KARIERA KLUBOWA:
2000-2002
US Boulogne
28 meczów, 6 bramek
2002-2003
Alès
19 meczów, 1 bramka
2003-2004
Stade Brestois 29
35 meczów, 3 bramki
2004-2005
FC Metz
20 meczów, 1 bramka
2005
Galatasaray SK
14 meczów
2005-2007
Olympique Marsylia
60 meczów, 11 bramek
2007-
Bayern Monachium
179 meczów, 64 bramki

KARIERA REPREZENTACYJNA:
2004-2006
Francja U-21
13 meczów, 2 bramki
2006-
Francja
83 mecze, 16 bramek

SUKCESY:
Wicemistrz świata z reprezentacją Francji (2006)
Zwycięzca Ligi Mistrzów z Bayernem Monachium (2013)
Indywidualnie piłkarz roku we Francji (2007)
i piłkarz roku w Niemczech (2008)

Arjen Robben

Imię: Arjen
Nazwisko: Robben
Data urodzenia: 23 stycznia 1984
Miejsce urodzenia: Bedum (Holandia)
Pozycja: pomocnik, napastnik
Wzrost: 181 cm
Waga: 75 kg
Obecny klub: Bayern Monachium
Numer: 10

Pierwszym wielkim klubem w karierze Robbena był PSV Eindhoven, gdzie jego talent rozwinął się na dobre. Od samego początku prezentował wyborną formę. Ponadto doskonale uzupełniał się z grającym na szpicy Mateją Kežmanem. Ich wspólne popisy nazywano „współpracą Batmana i Robbena". W 2004 r. za 18 mln euro kupiła go Chelsea, gdzie był najlepszym skrzydłowym w lidze. W 2007 r. kosztował już 36 mln euro – taką kwotę dał za niego Real Madryt. W 2009 r. za 25 mln euro Arjen Robben trafił do Bayernu Monachium. Z niemieckim zespołem Holender dwukrotnie dotarł do finału Ligi Mistrzów. Upragniony Puchar wywalczył za drugim podejściem (2013). W 2010 r. Robben znalazł się o krok od zdobycia mistrzostwa świata z reprezentacją Holandii. Minimalnie lepsza okazała się jednak Hiszpania.

KARIERA KLUBOWA:
2000-2002
FC Groningen
46 meczów, 8 bramek
2002-2004
PSV Eindhoven
56 meczów, 17 bramek
2004-2007
Chelsea FC
67 meczów, 15 bramek
2007-2009
Real Madryt
50 meczów, 11 bramek
2009-
Bayern Monachium
108 meczów, 57 bramek

KARIERA REPREZENTACYJNA:
2003-
Holandia
82 mecze, 26 bramek

SUKCESY:
Wicemistrz świata z reprezentacją Holandii (2010)
Zwycięzca Ligi Mistrzów z Bayernem Monachium (2013)

James Rodríguez

Imiona: James David
Nazwisko: Rodríguez Rubio
Data urodzenia: 12 lipca 1991
Miejsce urodzenia: Cúcuta (Kolumbia)
Pozycja: ofensywny pomocnik
Wzrost: 180 cm
Waga: 78 kg
Obecny klub: Real Madryt
Numer: 10

Dwudziestotrzyletni Kolumbijczyk został jednogłośnie uznany za największe objawienie mistrzostw świata rozegranych w 2014 r. w Brazylii. Jego błyskotliwa gra, poparta nadzwyczajną jak na pomocnika skutecznością strzelecką, zapewniła reprezentacji Kolumbii pierwsze miejsce w grupie z kompletem trzech zwycięstw. W dalszej fazie turnieju popis Rodrígueza pozwolił pokonać bardzo silną ekipę Urugwaju. Z kolei honorowy gol przeciwko Brazylii otworzył Kolumbijczykowi drogę do samodzielnego tytułu króla strzelców całego Mundialu. Ostatecznie po kilkutygodniowych targach James Rodríguez przeszedł z AS Monaco do Realu Madryt za niebotyczną sumę 81 mln euro.

KARIERA KLUBOWA:
2006-2008
CD Envigado
55 meczów, 20 bramek
2008-2010
Banfield Buenos Aires
42 mecze, 8 bramek
2010-2013
FC Porto
65 meczów, 25 bramek
2013-2014
AS Monaco
34 mecze, 8 bramek
2014-
Real Madryt
5 meczów, 1 bramka

KARIERA REPREZENTACYJNA:
2011-
Kolumbia
27 meczów, 11 bramek

SUKCESY:
Zwycięzca Ligi Europy
z FC Porto (2011)

Cristiano Ronaldo

Imię: Cristiano
Nazwisko: Ronaldo dos Santos Aveiro
Data urodzenia: 5 lutego 1985
Miejsce urodzenia: Funchal (Portugalia)
Pozycja: pomocnik, napastnik
Przydomki: CR7, Cris
Wzrost: 186 cm
Waga: 84 kg
Obecny klub: Real Madryt
Numer: 7

Cristiano Ronaldo jest najdroższym graczem w historii piłki nożnej. Jego transfer z Manchesteru United do Realu Madryt opiewał na kwotę 94 mln euro. Dziś jest także najlepiej zarabiającym piłkarzem, otrzymuje 12 mln euro rocznie, a jego klauzula wykupu opiewa na 1 mld euro. Przydomek Ronaldo otrzymał od ojca na cześć amerykańskiego prezydenta Ronalda Reagana. Kiedy miał 15 lat, wykryto u niego nieregularną pracę serca, co mogło doprowadzić do zakończenia dobrze zapowiadającej się kariery. Operacja i intensywna rekonwalescencja sprawiły, że już po kilku dniach wznowił treningi. W 2010 r. w Muzeum Madame Tussaud w Londynie odsłonięto figurę woskową Ronaldo. Stanęła ona obok Stevena Gerrarda, Pelego i Davida Beckhama.

Zwycięzca Ligi Mistrzów z Manchesterem United (2008)
Klubowy mistrz świata z Manchesterem United (2008)

Zwycięzca Ligi Mistrzów z Realem Madryt (2014)
Indywidualnie zdobywca Złotej Piłki (2008 i 2013)

KARIERA KLUBOWA:
2001-2003
Sporting CP
25 meczów, 3 bramki
2003-2009
Manchester United FC
196 meczów, 84 bramki
2009-
Real Madryt
169 meczów, 186 bramek

KARIERA REPREZENTACYJNA:
2002-2003
Portugalia U-21
6 meczów, 3 bramki
2003-
Portugalia
119 meczów, 50 bramek

SUKCESY:
Wicemistrz Europy z reprezentacją Portugalii (2004)

Wayne Rooney

Imiona: Wayne Mark
Nazwisko: Rooney
Data urodzenia: 24 października 1985
Miejsce urodzenia: Liverpool (Anglia)
Pozycja: napastnik
Przydomki: Roo, Wazza
Wzrost: 178 cm
Waga: 78 kg
Obecny klub: Manchester United FC
Numer: 10

Karierę piłkarską młody Rooney rozpoczynał w klubie Everton, gdzie czasem występował przebrany za maskotkę klubu (sezon 1996/1997). Tam zdobył swoją pierwszą bramkę i stał się w owym czasie najmłodszym strzelcem gola w historii Premier League – miał 16 lat i 361 dni. W reprezentacji Anglii zadebiutował w 2003 r. w meczu przeciwko Australii, mając 17 lat i 111 dni. W tamtym okresie to także było rekordem. Z powodu kary za niesportowe zachowanie w ostatnim meczu fazy grupowej eliminacji do mistrzostw Europy w 2012 r. (Rooney kopnął piłkarza Czarnogóry Miodraga Dzudovoicia) nie zagrał w dwóch pierwszych meczach mistrzostw. Wystąpił dopiero w ostatnim meczu fazy grupowej przeciwko Ukrainie.

KARIERA KLUBOWA:
2002-2004
Everton FC
67 meczów, 15 bramek
2004-
Manchester United
312 meczów, 160 bramek

KARIERA REPREZENTACYJNA:
2003-
Anglia
96 meczów, 41 bramek

SUKCESY:
Zwycięzca Ligi Mistrzów
z Manchester United FC
(2007/2008)
Klubowy mistrz świata
z Manchester United FC (2008)

Alexis Sánchez

Imiona: Alexis Alejandro
Nazwisko: Sánchez
Data urodzenia: 19 grudnia 1988
Miejsce urodzenia: Tocopilla (Chile)
Pozycja: napastnik
Wzrost: 168 cm
Waga: 62 kg
Obecny klub: Arsenal Londyn
Numer: 17

Napastnik rodem z Chile uchodził jeszcze do niedawna za nie do końca spełniony talent. Jego gra cieszyła oko kibica, lecz była przy tym chaotyczna i rzadko przynosiła wymierne korzyści całej drużynie. Trenerzy regularnie wycofywali Sáncheza na pozycję skrzydłowego, poirytowani jego nieskutecznością i grą pod siebie. Oznaką tego, że Chilijczyk dojrzał, był transfer do Barcelony opiewający na blisko 40 mln euro. W międzyczasie Sánchez został jedną z gwiazd Mundialu w Brazylii. Potwierdzeniem coraz silniejszej pozycji Alexisa w światowej piłce jest obecna próba odbudowania potęgi londyńskiego Arsenalu w oparciu o jego osobę.

KARIERA KLUBOWA:
2005-2006
Cobreloa
47 meczów, 9 bramek
2006-2007
Colo Colo Santiago
(wypożyczenie)
32 mecze, 5 bramek
2007-2008
River Plate Buenos Aires (wyp.)
23 mecze, 4 bramki
2008-2011
Udinese Calcio
95 meczów, 20 bramek
2011-2014
FC Barcelona
88 meczów, 38 bramek
2014-
Arsenal Londyn
4 mecze, 2 bramki

KARIERA REPREZENTACYJNA:
2006-
Chile
60 meczów, 24 bramki

SUKCESY:
Mistrz Hiszpanii
z FC Barceloną (2013)

David Silva

Imiona: David Josue
Nazwisko: Jimenez Silva
Data urodzenia: 6 stycznia 1986
Miejsce urodzenia: Arguineguin (Hiszpania)
Pozycja: boczny napastnik
Przydomek: El Cuco (Kukułka)
Wzrost: 170 cm
Waga: 67 kg
Obecny klub: Manchester City
Numer: 21

Hiszpański skrzydłowy oczarował piłkarski świat nieszablonową grą, którą regularnie zachwycał kibiców, reprezentując przez kilka kolejnych sezonów barwy klubu z Valencii. Dzięki niespożytym siłom i doskonałemu panowaniu nad piłką David Silva stwarza ogromne zagrożenie dla bramki przeciwnika. Zarówno jego dośrodkowania, jak i bezpośrednie strzały cechuje wysoka skuteczność i widowiskowość. Ponadto Silva posiada przebogaty repertuar zwodów, dzięki czemu niezwykle ciężko odebrać mu piłkę. W 2010 r. David Silva już jako świeżo upieczony mistrz świata obrał kurs na Wyspy Brytyjskie, wybierając grę dla klubu Manchester City.

KARIERA KLUBOWA:
2005-2006
Celta Vigo
34 mecze, 4 bramki
2006-2010
FC Valencia
119 meczów, 21 bramek
2010-
Manchester City
135 meczów, 22 bramki

KARIERA REPREZENTACYJNA:
2006-
Hiszpania
84 mecze, 21 bramek

SUKCESY:
Mistrz świata
z reprezentacją Hiszpanii (2010)
Mistrz Europy
z reprezentacją Hiszpanii (2008 i 2012)
Mistrz Anglii
z Manchesterem City (2012, 2014)

Thiago Silva

Imiona: Thiago Emiliano
Nazwisko: da Silva
Data urodzenia: 22 września 1984
Miejsce urodzenia: Rio de Janeiro (Brazylia)
Pozycja: środkowy obrońca
Wzrost: 183 cm
Waga: 79 kg
Obecny klub: Paris Saint-Germain
Numer: 2

Najdroższy obecnie środkowy obrońca świata, pozyskany przez Paris Saint-Germain za 42 miliony euro, rozpoczynał przygodę z piłką nożną w zespole Fluminense Rio de Janeiro. Brazylijczyk występował wówczas najczęściej na pozycji skrzydłowego. Jednak optymalna dla Thiago Silvy okazała się rola środkowego obrońcy, którego podstawowym zadaniem jest obrona dostępu do własnej bramki. Reprezentant Brazylii oprócz neutralizowania poczynań czołowych napastników doskonale odnajduje się w roli egzekutora przy stałych fragmentach gry pod bramką przeciwnika. Trzyletni pobyt w drużynie AC Milan (2009-2012) przyniósł Thiago Silvie wyróżnienia w postaci wyboru na najlepszego obrońcę ligi włoskiej (2009), a także piłkarza roku w Brazylii (2011).

KARIERA KLUBOWA:
2002
RS Futebol
5 meczów, 5 bramek
2003
Juventude
28 meczów, 3 bramki
2004-2005
FC Porto
0 meczów, 0 bramek
2005
Dynamo Moskwa
0 meczów, 0 bramek
2006-2009
Fluminense Rio de Janeiro
81 meczów, 6 bramek
2009-2012
AC Milan

93 mecze, 5 bramek
2012-
Paris Saint-Germain
51 meczów, 3 bramki

KARIERA REPREZENTACYJNA:
2008-
Brazylia
52 mecze, 3 bramki

SUKCESY:
Brązowy medal Igrzysk Olimpijskich
z reprezentacją Brazylii (2008)
Mistrz Włoch
z AC Milan (2011)
Mistrz Francji z Paris Saint-Germain
(2013, 2014)

Luis Suárez

Imiona: Luis Alberto
Nazwisko: Suárez Díaz
Data urodzenia: 24 stycznia 1987
Miejsce urodzenia: Salto (Urugwaj)
Pozycja: napastnik
Przydomek: El Pistolero
Wzrost: 181 cm
Waga: 81 kg
Obecny klub: FC Barcelona
Numer: 9

Znakiem firmowym Luisa Suáreza, ofensywnego pomocnika, jest niesamowity drybling i efektowne triki piłkarskie. Piłkarz potrafi grać na środkowej pomocy, a także pełnić funkcję bramkostrzelnego napastnika. Stąd zapewne jego przydomek El Pistolero, który oznacza strzelca. Do Ajaxu Amsterdam, który sprowadził go w 2007 roku, trafił za 7,5 mln euro. Z kolei w styczniu 2011 r. przeniósł się za 26,5 mln euro do Liverpoolu FC. Jest pierwszym Urugwajczykiem, który włożył koszulkę tego klubu. Wysoka forma zaprezentowana przez Suáreza podczas brazylijskiego Mundialu przekonała ostatecznie kierownictwo Barcelony do kupna piłkarza za astronomiczną kwotę 81 mln euro, pomimo dyscyplinarnej dyskwalifikacji.

KARIERA KLUBOWA:
2005-2006
Club Nacional de Football
34 mecze, 13 bramek
2006-2007
FC Groningen
33 mecze, 13 bramek
2007-2011
Ajax Amsterdam
110 meczów, 81 bramek
2011-2014
FC Liverpool
110 meczów, 69 bramek
2014-
FC Barcelona

KARIERA REPREZENTACYJNA:
2007
Urugwaj U-20
4 mecze, 2 bramki
2007-
Urugwaj
79 meczów, 41 bramek

SUKCESY:
Mistrz Ameryki Południowej z reprezentacją Urugwaju (2011)
Piłkarz roku w Holandii (2010)
Indywidualnie król strzelców Premier League (2014) – 31 bramek

Wojciech Szczęsny

Imiona: Wojciech Tomasz
Nazwisko: Szczęsny
Data urodzenia: 18 kwietnia 1990
Miejsce urodzenia: Warszawa
Pozycja: bramkarz
Wzrost: 195 cm
Waga: 75 kg
Obecny klub: Arsenal Londyn
Numer: 1

Wojciech jest synem bramkarza Macieja Szczęsnego, który jako jedyny zdobył mistrzostwo Polski z czterema różnymi klubami. Wojtek jako chłopiec wcale nie interesował się piłką nożną, ale baletem, a potem chciał rzucać oszczepem.
Ojcu udało się jednak zainteresować go futbolem.
Swą karierę Szczęsny rozpoczynał w Agrykoli Warszawa na pozycji napastnika i to dopiero w wieku 14 lat.
W 2010 r. zadebiutował w Premier League w meczu z Manchesterem United.
Stał się najmłodszym bramkarzem debiutującym w tych rozgrywkach w sezonie 2010/2011.

KARIERA KLUBOWA:
2008-
Arsenal Londyn
120 meczów
2009-2010
Brentford FC (wypożyczenie)
28 meczów

KARIERA REPREZENTACYJNA:
2009
Polska U-21
5 meczów
2009-
Polska
20 meczów

SUKCESY:
Odkrycie roku w plebiscycie tygodnika „Piłka Nożna" (2011)
Zdobywca Pucharu Anglii z Arsenalem Londyn (2014)

Carlos Tévez

Imiona: Carlos Alberto
Nazwisko: Tévez
Data urodzenia: 5 lutego 1984
Miejsce urodzenia: Ciudadela (Argentyna)
Pozycja: napastnik
Przydomki: Carlitos, Apacz
Wzrost: 173 cm
Waga: 72 kg
Obecny klub: Juventus Turyn
Numer: 10

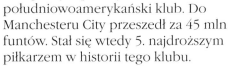

Carlos Tévez dorastał w Fuerte Apache (Silny Apacz), ubogiej dzielnicy opanowanej przez gangi, znajdującej się w Ciudadela, na przedmieściach Buenos Aires. Stąd też pochodzi jego przydomek. Nie miał łatwego dzieciństwa, a swoją przygodę z piłką rozpoczynał jak większość południowoamerykańskich dzieci, grając na ulicy. Kiedy w 2005 r. trafił do Corinthians, kosztował 22,6 mln dolarów. Jest zatem najdroższym piłkarzem zakupionym przez jakikolwiek południowoamerykański klub. Do Manchesteru City przeszedł za 45 mln funtów. Stał się wtedy 5. najdroższym piłkarzem w historii tego klubu.

KARIERA KLUBOWA:

2001-2004
Boca Juniors
75 meczów, 26 bramek
2005-2006
SC Corinthians
78 meczów, 46 bramek
2006-2007
West Ham United FC
26 meczów, 7 bramek
2007-2009
Manchester United FC
63 mecze, 19 bramek
2009-2013
Manchester City FC
69 meczów, 44 bramki
2013-
Juventus Turyn
37 meczów, 21 bramek

KARIERA REPREZENTACYJNA:

2004
Argentyna U-23
6 meczów, 8 bramek
2004-
Argentyna
62 mecze, 13 bramek

SUKCESY:

Zwycięzca Ligi Mistrzów z Manchesterem United FC (2007/2008)
Złoty medalista na Igrzyskach Olimpijskich w Atenach z reprezentacją Argentyny (2004)
Piłkarz roku Ameryki Południowej (2003, 2004, 2005)

Fernando Torres

Imiona: Fernando José
Nazwisko: Torres Sanz
Data urodzenia: 20 marca 1984
Miejsce urodzenia: Fuenlabrada (Hiszpania)
Pozycja: napastnik
Przydomek: El Niño (Dzieciak)
Wzrost: 186 cm
Waga: 76 kg
Obecny klub: Atlético Madryt
Numer: 19

Początkowo Fernando Torres chciał być bramkarzem, jednak szybko postanowił zmienić funkcję. Gdy miał siedem lat, zaczął grać już regularnie jako napastnik. W wieku 17 lat został kapitanem Atletico Madryt i jest najmłodszym w historii kapitanem tego klubu. W 2007 r. odszedł do Liverpoolu, stając się najdroższym piłkarzem w historii angielskiego klubu. Z kolei do klubu ze Stamford Bridge przeszedł za 58,5 mln euro. Podpisał kontrakt z Chelsea Londyn do lata 2016 r. Jednak przez kolejne trzy sezony nie odnalazł formy z czasów gry w Liverpoolu, więc postanowiono wypożyczyć Hiszpana Włochom. Od 2015 r. jest graczem AC Milan, wypożyczonym jednakże do Atlético Madryt.

KARIERA KLUBOWA:
2001-2007
Atlético Madryt
214 meczów, 82 bramki
2007-2011
Liverpool FC
102 mecze, 65 bramek
2011-2014
Chelsea Londyn
110 meczów, 20 bramek
2014-2015
AC Milan (wypożyczenie)
10 meczów, 1 bramka
2015-
AC Milan
2015-
Atlético Madryt (wypożyczenie)

KARIERA REPREZENTACYJNA:
2002-2003
Hiszpania U-21
10 meczów, 3 bramki
2003-
Hiszpania
109 meczów, 38 bramek

SUKCESY:
Mistrz Europy z reprezentacją Hiszpanii (2008 i 2012)
Mistrz świata z reprezentacją Hiszpanii (2010)
Zwycięzca Ligi Mistrzów z Chelsea Londyn (2012)
Zwycięzca Ligi Europy z Chelsea Londyn (2013)

Robin van Persie

Imię: Robin
Nazwisko: van Persie
Data urodzenia: 6 sierpnia 1983
Miejsce urodzenia: Rotterdam (Holandia)
Pozycja: napastnik
Przydomek: RVP
Wzrost: 183 cm
Waga: 69 kg
Obecny klub: Manchester United
Numer: 20

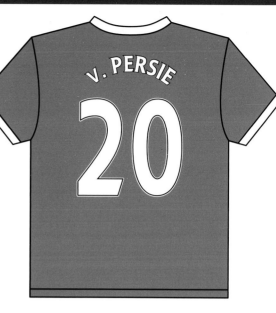

Van Persie swoją pierwszą zdobytą bramkę wspomina wyjątkowo. Gdy strzelił gola, był tak szczęśliwy, że pobiegł w złą stronę i świętował przed kibicami przeciwnej drużyny. Od 16 sierpnia 2011 r. jest kapitanem Arsenalu, do którego dołączył w roku 2004. Przed sezonem 2010/2011 zmienił numer 11, z którym grał do tej pory, na 10. Zwolnił go William Gallas, a wcześniej nosił go także legendarny napastnik Dennis Bergkamp – rodak i największy autorytet van Persiego. Przed sezonem 2012/2013 van Persie zasilił szeregi Manchesteru United. Czerwone Diabły zapłaciły za holenderskiego snajpera 20 milionów funtów.

KARIERA KLUBOWA:
2001-2004
Feyenoord Rotterdam
59 meczów, 15 bramek
2004-2012
Arsenal Londyn
194 mecze, 96 bramek
2012-
Manchester United
63 mecze, 39 bramek

KARIERA REPREZENTACYJNA:
2005-
Holandia
93 mecze, 47 bramek

SUKCESY
Wicemistrz świata
z reprezentacją Holandii (2010)
Zdobywca Pucharu UEFA
z Feyenoordem Rotterdam (2002)

Arturo Vidal

Imiona: Arturo Erasmo
Nazwisko: Vidal Pardo
Data urodzenia: 22 maja 1987
Miejsce urodzenia: Santiago de Chile (Chile)
Pozycja: pomocnik
Wzrost: 181 cm
Waga: 75 kg
Obecny klub: Juventus Turyn
Numer: 23

Chilijczyk Arturo Vidal jest graczem występującym na wszystkich pozycjach w środkowej strefie boiska, dopasowującym tym samym swoją funkcję do aktualnego zapotrzebowania w drużynie. Między innymi dzięki takim atutom jak żelazna kondycja, waleczność i duża ruchliwość trafił na Stary Kontynent. Podczas czterech sezonów gry na boiskach Bundesligi w barwach Bayeru Leverkusen zanotował wiele kapitalnych występów, co z kolei zaowocowało transferem do odbudowującego swoją potęgę po kilku latach zapaści Juventusu Turyn. Zaledwie po roku gry w zespole „Starej Damy" z Turynu etatowy reprezentant Chile świętował wywalczenie tytułu najlepszej drużyny we Włoszech.

KARIERA KLUBOWA:
2005-2007
Colo Colo Santiago
36 meczów, 3 bramki
2007-2011
Bayer Leverkusen
117 meczów, 15 bramek
2011-
Juventus Turyn
100 meczów, 30 bramek

KARIERA REPREZENTACYJNA:
2007-
Chile
56 meczów, 8 bramek

SUKCESY:
Mistrz Włoch
z Juventusem Turyn
(2012, 2013 i 2014)

Theo Walcott

Imiona: Theodore James
Nazwisko: Walcott
Data urodzenia: 16 marca 1989
Miejsce urodzenia: Stanmore (Anglia)
Pozycja: napastnik, skrzydłowy
Wzrost: 176 cm
Waga: 68 kg
Obecny klub: Arsenal Londyn
Numer: 14

Angielski napastnik, a także skrzydłowy, którego największy atut stanowią takie cechy jak dynamika, przebojowość i drybling. Niezwykle szybki i zwinny zawodnik Arsenalu Londyn jest tym piłkarzem, z którym niemal cała Anglia wiąże ogromne nadzieje na długo oczekiwany sukces na największych piłkarskich imprezach o randze mistrzostw świata czy mistrzostw Europy. Jest na to duża szansa, ponieważ Walcott w ciągu najbliższych trzech lat powinien osiągnąć szczyt formy i zaprezentować pełnię swoich nieprzeciętnych możliwości. Wielce prawdopodobny wydaje się również transfer Walcotta do jednego z gigantów europejskiej piłki klubowej.

KARIERA KLUBOWA:
2004-2006
Southampton FC
21 meczów, 4 bramki
2007-
Arsenal Londyn
194 mecze, 45 bramek

KARIERA REPREZENTACYJNA:
2006-
Anglia
35 meczów, 5 bramek

SUKCESY:
Zdobywca Pucharu Anglii z Arsenalem Londyn (2014)
Indywidualnie najmłodszy uczestnik mistrzostw świata 2006 w Niemczech (cały turniej w roli rezerwowego)

Xavi

Imiona: Xavier Hernández
Nazwisko: Creus
Data urodzenia: 25 stycznia 1980
Miejsce urodzenia: Terrassa (Hiszpania)
Pozycja: pomocnik
Przydomki: El Maestro, Xavi
Wzrost: 170 cm
Waga: 68 kg
Obecny klub: FC Barcelona
Numer: 6

Xavi od zawsze marzył, by grać w FC Barcelonie. Należy do tych piłkarzy, którzy rozpoczynali z nią swoją przygodę od najmłodszych lat. Do klubowej szkoły trafił w wieku 11 lat i szybko przechodził przez kolejne szczeble edukacji. W pierwszym zespole FC Barcelona zadebiutował 18 sierpnia 1998 r. W meczu o Superpuchar Hiszpanii przeciwko RCD Mallorce strzelił nawet bramkę. Mimo zainteresowania ze strony innych klubów nie chce odchodzić z Dumy Katalonii. Przez specjalistów wyceniany jest na 45 mln euro. Uważa się go za najlepszego pomocnika świata, gdyż 90% jego podań trafia do adresata.

Zwycięzca Ligi Mistrzów z FC Barceloną (2006, 2009, 2011)

Klubowy mistrz świata z FC Barceloną (2009, 2011)

KARIERA KLUBOWA:
1998–
FC Barcelona
459 meczów, 55 bramek

KARIERA REPREZENTACYJNA:
1998–2001
Hiszpania U-21
25 meczów, 7 bramek
2000–
Hiszpania U-23
6 meczów, 2 bramki
2000–
Hiszpania
131 meczów, 12 bramek

SUKCESY:
Mistrz świata
z reprezentacją Hiszpanii (2010)
Mistrz Europy
z reprezentacją Hiszpanii (2008 i 2012)

SPIS TREŚCI